Grundriß

eines

Systems der Rechtsordnung

nach praktischen Zwecken,

dargestellt

unter Berücksichtigung des Preußischen Rechts
und des Reichsrechts.

Von

Julius Ebbecke,
Amtsrichter.

Berlin und Leipzig.
Verlag von J. Guttentag
(D. Collin)
1888.

Vorwort.

In dem Grundriß hat der Verfasser den Versuch unternommen, ein System der Rechtsordnung aufzustellen, in welchem ausschließlich die praktischen Zwecke für die systematische Stellung bestimmend sind. Nur auf diesem Wege, daß die verschiedenartigen, einem gemeinschaftlichen Zwecke dienenden Vorschriften und Einrichtungen des Rechts, mögen sie diesen Zweck durch Aufstellung von Zwangsvorschriften oder mittelbar durch Beseitigung von Hindernissen oder durch befördernde Maßregeln zu erreichen suchen, unter einen einheitlichen Gesichtspunkt zusammengefaßt werden, dürfte es zu ermöglichen sein, einen Einblick in den inneren Zusammenhang des Rechts und ein richtiges Verständniß für die Bedeutung der einzelnen Rechtssätze zu gewinnen. Der Verfasser hat, nachdem er ein solches System im Einzelnen ausgearbeitet hat, sich entschlossen, diesen Grundriß, welcher eine kurze Uebersicht des Systems enthält, der Oeffentlichkeit zu übergeben. Die wichtigeren Vorschriften des Preußischen Rechts und Reichsrechts sind in dem Grundriß, um einen Ueberblick über die einzelnen in Betracht kommenden rechtlichen Bestimmungen zu gewähren, überall mit möglichster Vollständigkeit angeführt worden.

Kapitel I.

Gesundheitsschutz.

§ 1. Schutz gegen Beeinträchtigung der Gesundheit.

Schutz gegen Gesundheitsbeschädigung. Strafbarkeit derselben nach § 223 ff., der Tödtung nach § 211 ff., der Abtreibung der Leibesfrucht nach § 218—220 Str.G.B. Ausschluß der Strafbarkeit durch freie Einwilligung des Verletzten, mit Ausnahme der Tödtung (§ 216 Str.G.B.) und des Zweikampfes (§ 205 ff. Str.G.B.).

Strafbarkeit der Mißhandlung nach § 223 Str.G.B. Beschränkter Schutz gegen gesundheitliche Unannehmlichkeiten durch laute Geräusche, üble Gerüche und dergleichen (§ 360 Nr. 11 Str.G.B.; Untersagungsrecht des Nachbarn, wenn die in den Luftkreis seines Grundeigentums eingeführten Geräusche oder Dünste das Maß des Erträglichen übersteigen; polizeilicher Schutz nach § 3 G. v. 28./2. 43 über Benutzung der Privatflüsse, § 16 ff., 27, 49, 147 Nr. 2 G.O., Ausführungsbestimmungen v. 19./7. 84 insbesondere Nr. 43 derselben, § 33b, 57 Nr. 1, 59a, 148 Nr. 5 u. 7 G.O. und nach straßenpolizeilichen Verordnungen).

Gesundheitsschutz der Thiere nach § 360 Nr. 13 Str.G.B.

§ 2. Schutz gegen Gefährdung der Gesundheit.

Sicherungsvorschriften zur Abwendung oder Erkennbarmachung der Gefahr (§ 10 II 17). Folgen der Uebertretung dieser Vorschriften.

a) Verhütung von Feuers-, Explosions- und Wassergefahr. Konzessionspflichtigkeit der betreffenden gewerblichen Anlagen nach § 16 ff. G.O. Bergpolizeiliche Vorschriften (§ 66 ff., 196 ff. des Berggesetzes v. 24./6. 65). Konzessionspflichtigkeit der Feuerungsanlagen (§ 368 Nr. 3 u. 4 Str.G.B., § 47, 45 Nr. 1 u. 2 des Feld- und Forstpolizeigesetzes v. 1./4. 80, Vorschriften des Bundesraths v. 29./5. 71 u. 18./7. 83 über die Anlegung von Dampfkesseln, G. v. 3./5. 72 über Benutzung derselben). Einrichtung von Kehrbezirken (§ 39 G.O., § 56 Pr. G.O. v. 17./1. 45, Cirk. v. 14./5. 80). Feuersicherheit der Gebäude (Cirk. v. 18./11. 81 betr. die Theater, Cirk. v. 21./8. 84 betr. die fiskalischen Gebäude, baupolizeiliche Verordnungen). Strafbarkeit des unvorsichtigen Umgehens mit Feuer oder Licht oder leicht entzündlichen Stoffen und der Brandstiftung (§ 368 Nr. 5, 6, 7, § 367 Nr. 5, 6, § 369 Nr. 3 Str.G.B., § 32, 44 Nr. 1, 2, 3 zweiter Satz, 45 Nr. 3 u. 4 des Feld- und Forstpolizeigesetzes v. 1./4. 80, § 306, 307, 309 Str.G.B.). Sicherungs-Vorschriften über die Behandlung leicht entzündlicher Stoffe (Bestimmungen des Bundesrats v. 13./7. 79 über den Verkehr mit explosiven Stoffen, R.G. v. 9./6. 84 über den Besitz von Sprengstoffen, Ausführungsbestimmungen v. 11./9. 84, Cirk. v. 11./5. 83 betr. den Erlaß von Polizeiverordnungen über den Verkehr mit Mineralölen, Kais. V. v. 24./2. 82 über den gewerbsmäßigen Verkauf feuergefährlichen Petroleums, Bek. v. 20./4. 82 u. 19./9. 84 über Benutzung des Abel'schen Petroleumprobers, § 56 Nr. 6, 7, 42a, 148 Nr. 7a G.O. über Ausschluß der explosiven Stoffe und Mineralöle vom Gewerbebetriebe im Umherziehen, § 48 u. Anl. D d. Betriebsreglements v. 11./5. 74, 13./6. 80 u. 5./7. 81 über Beförderung leicht entzündlicher Stoffe auf den Eisenbahnen, § 14—16 G. v. 7./3. 50 über Ertheilung des Jagdscheins). Strafbarkeit der Herbeiführung einer Ueberschwemmung oder Ueberschwemmungsgefahr (§ 312—314, 321, 326 Str.G.B.). Errichtung von Deichverbänden, staatliche Aufsicht über die Deiche (G. v. 28./1. 48 über das Deichwesen, A. Erl. v. 14./11. 53 betr. die Deichstatute).

Beseitigung der durch Ausbruch eines Brandes, einer Explosion oder Ueberschwemmung entstandenen Gefahr, Rettung der von der Gefahr betroffenen Personen (Polizeiverordnungen über Bildung einer Feuerwehr, § 360 Nr. 10, 368 Nr. 8 Str.G.B., § 204 ff. des Berggesetzes v. 24. 6. 65).

b) Verhütung der Gefahr äußerer Verletzungen durch Thiere oder leblose Gegenstände. Vorsichtsmaßregeln in Bezug auf Thiere (§ 367 Nr. 11, 366 Nr. 2 u. 5 Str.G.B., § 38 R.G. v. 23./6. 80 über Viehseuchen). Einsturzsicherheit der Bauwerke (§ 67 ff. I. 8, § 367 Nr. 15 Str.G.B., § 66 ff., 196 ff. d. Berggesetzes v. 24./6. 65). Schutzvorrichtungen in Bezug auf Maschinen (§ 120, 147 Nr. 4 G.O., § 78 d. Unfallversicherungsgesetzes v. 6./7. 84). Sicherheit der Verkehrsanlagen (§ 321, 367 Nr. 12, 366 Nr. 8 u. 10 Str.G.B., § 29 Nr. 1 des Feld- und Forstpolizeigesetzes v. 1./4. 80, Bahnpolizeireglement v. 30./11. 85, Normen für die Konstruktion und Ausrüstung der Eisenbahnen v. 30./11. 85). Verhütung von Verkehrsunfällen, insbesondere von Zusammenstößen (Straßenpolizeiverordnungen, § 366 Nr. 4 u. 10 Str.G.B., Bahnpolizeireglement, Normen für die Konstruktion und Ausrüstung der Eisenbahnen und Signalordnung v. 30./11. 85, Bahnordnung v. 12./6. 78 für die Eisenbahnen untergeordneter Bedeutung, Bek. v. 31./7. 87 über einheitliche Bezeichnung der Fahrwasser und Untiefen, R.G. v. 9./1. 75 über Errichtung der Seewarte zu Hamburg, Prüfungen der Seeschiffer u. s. w. nach § 31 G.O. und den Bestimmungen des Bundesrats v. 6./8. 87, 30./6. 79 u. 12./11. 87, Kais. V. v. 7./1. 80 u. 16./2. 81 zur Verhütung des Zusammenstoßens der Schiffe auf See, § 145 Str.G.B.). Strafbarkeit der Gefährdung eines Eisenbahntransportes oder Schiffes (§ 315, 316, 319—323 u. 326 Str.G.B.).

Rettung aus Seegefahr (Strandungsordnung v. 17./5. 74, Noth- und Lootsensignalordnung v. 14./8. 76).

c) Sicherung gegen die Gefahr innerer Gesundheitsbeschädigungen durch Gifte oder gesundheitsschädliche Stoffe. Konzessionspflichtigkeit des Handels mit Giften (§ 34 Abs. 3, 53 u. 147 Nr. 1 G.O., Art. I. § 49 G. v. 22./6. 61). Ausschluß giftiger Stoffe von dem Gewerbebetriebe im Umherziehen (§ 56 Nr. 9 G.O.). Ausschließliches Recht der Apotheken zum Kleinhandel mit gefährlichen Arzneistoffen (Kais. V. v. 4./1. 75 Verzeichniß B). Vorschriften über Aufbewahrung und Verabreichung der Gifte und Arzneistoffe (Erl. v. 3./6. 78, Allg. Vfg. v. 9./12. 82, Polizeiverordnungen über den Giftverkehr außerhalb der Apotheken, § 367 Nr. 5 Str.G.B.). Schutz der Arbeiter gegen die aus der Verarbeitung giftiger Stoffe entstehenden Gefahren (§ 120 G.O., R.G. v. 13./5. 84 über Anfertigung von Zündhölzern, Bek. zur Ausführung dieses Gesetzes v. 11./7. 84, Bek. v. 12./4. 86 über Einrichtung der Bleifarben- und Bleizuckerfabriken). Schutz der Bergarbeiter gegen giftige Gase (§ 196 d. Berggesetzes v. 24./6. 65). Strafbarkeit der Brunnenvergiftung, des Herstellens oder Feilbietens gesundheitsschädlicher Verbrauchs- oder Gebrauchsgegenstände (§ 324, 326 Str.G.B., § 5, 12 ff. R.G. v. 14./5. 79, R.G. v. 5./7. 87 über Verwendung gesundheitsschädlicher Farben, R.G. v. 25./6. 87

über den Verkehr mit blei= oder zinkhaltigen Gegenständen). Strafbarkeit des Feilhaltens verdorbener Nahrungs= oder Genußmittel (§ 367 Nr. 7 Str.G.B., § 10 u. 11 R.G. v. 14./5. 79). Sicherung gegen den Genuß gesundheitsschädlichen Fleisches (§ 23 G.O., G. v. 18./3. 68 u. 9./3. 81 über Errichtung öffentlicher Schlachthäuser, Cirk. v. 15./9. 87 über Genießbarkeit des Fleisches perlsüchtiger Thiere, Polizeiverordnungen über mikroskopische Zwangsuntersuchung von Schweinefleisch, Kais. V. v. 6./3. 83 betr. Verbot der Einfuhr amerikanischen Schweinefleisches). Maßregeln gegen den gesundheitsschädlichen übermäßigen Genuß von Alkohol (§ 33, 53, 147 Nr. 1 G.O., Bek. v. 25./11. 79, § 4 R.G. v. 24./6. 87 über Reinigung des Alkohols). Sicherungsvorschriften gegen gesundheitsschädliche Verunreinigung der Luft, des Wassers oder des Erdbodens (Polizeiliche Vorschriften über Unschädlichmachung der Abfallstoffe, § 3 G. v. 28./2. 43 über Benutzung der Privatflüsse, Aufsicht des Staates über die Begräbnißplätze nach § 50 Nr. 5 G. v. 20./6. 75 u. Art. 24 Nr. 6 G. v. 3./6. 76).

d) Sicherung gegen die Gefahr innerer Gesundheitsbeschädigungen durch ansteckende Krankheiten (K. O. v. 8./8. 35, Cirk. v. 1./4. 84 betr. Einführung der Anzeigepflicht bei Diphtherie durch Polizeiverordnungen, § 327 Str.G.B., R.G. v. 8./4. 74 über den Impfzwang, § 361 Nr. 6 Str.G.B.).

e) Schutz gegen Aussetzung und gegen Verlassen in hülfloser Lage (§ 221, 234 Str.G.B.). Sicherungsvorschriften gegen Beerdigung eines Scheintodten (§ 367 Nr. 2 Str.G.B.).

Kapitel II.

§ 3. Fürsorge für die gesundheitliche Erziehung.

Vormundschaftliche Fürsorge während bestehender väterlicher Gewalt (§ 90, 91, 258 II 2) und nach beendeter väterlicher Gewalt (Vorm.O. v. 5./7. 75 insbesondere § 28). Gesundheitspflege in den Schulen, Betrieb des Turnunterrichts in denselben (Erl. v. 27./10. 82, 31./7. 83, Erl. v. 18./3. 85 über den Betrieb des Turnens in Volksschulen, v. 4./6. 84 über den Betrieb des Turnens in Mädchenschulen, Prüfungsordnung für Turnlehrer v. 10./9. 80, Erl. v. 6./6. 84 über Besuch der Turnlehrerbildungsanstalt zu Berlin, Bestimmungen über Kurse zur Ausbildung von Turnlehrerinnen v. 24./11. 84). Beaufsichtigung des von Privaten er=

theilten gesundheitlichen Unterrichts (§ 35 G.O.). Maßregeln gegen die frühzeitige gewerbliche Ausnützung der heranwachsenden Jugend (§ 135, 139a G.O., Bek. v. 23./4. 79, 20./5. 79, 10.7. 81 und 12./3. 83). Beschränkung des frühzeitigen Heirathens (§ 28 R.G. v. 6./2. 75).

§ 4. Beförderung der Gesundheit.

Fürsorge des Staates für das Vorhandensein wissenschaftlich gebildeter Aerzte, von Apotheken und Heilanstalten (§ 29, 30 letzter Absatz, 147 Nr. 3 G.O., Prüfungsordnung für Aerzte v. 2./6. 83 u. 25./4 87, Allg. Vfg. v. 6./8. 83 betr. das Hebammenwesen, Prüfungsordnung für Hebammen v. 1./12. 85, Apothekerordnung v. 11./10. 1801, Prüfungsordnung für Apotheker v. 5./3. 75 u. 13./11. 75, Pflicht der Apotheker, die nöthigen Arzneimittel vorräthig zu halten, nach der Allg. Vfg. v. 9./12. 82, Vorrechte der Apotheken nach der Kais. V. v. 4./1. 75 Verzeichniß A, V. v. 24./10. 11 wegen Anlegung neuer Apotheken). Staatliche Aufsicht über Privatkrankenanstalten (§ 30 G.O.).

Fürsorge für Wöchnerinnen (§ 135 G.O.).

Gesundheitliche Einrichtung der Wohnungen nach baupolizeilichen Vorschriften, der Gast- und Schankwirthschaftszimmer nach § 33 G.O. u. Cirk. v. 26./8. 86. Schutz gegen Entziehung von Luft und Licht durch Nachbarbauten (§ 139 ff. I 8).

Sorge für Beschaffung reinen Trinkwassers (§ 3 G. v. 28./2. 43, § 129, 130 I 8).

Sorge für die Gesundheit der kommenden Geschlechter (Verbot von Verwandtschaftsehen nach § 33 Nr. 1 u. 2 R.G. v. 6./2. 75).

Kapitel III.
Bildungspflege.

§ 5. Fürsorge für die geistige Erziehung.

Vormundschaftliche Fürsorge für die unter väterlicher Gewalt und unter Vormundschaft stehenden Kinder (§ 255 ff., 112 ff. II 2, Vorm.O. v. 5./7. 75). Beschränkung der Mitführung von Kindern im Gewerbebetriebe im Umherziehen (§ 62 G.O.)

Schulpflicht der Kinder (K.O. v. 14./5. 25). Einrichtung der Volksschule nach den Regulativen v. 15./10. 72. Prüfungsordnung für Lehrer v. 15./10. 72, für Lehrerinnen v. 24./4. 74, für Zeichenlehrer v. 23./4. 85.

Weitere Ausbildung in der Mittelschule (Regulativ v. 15./10. 72), in der gewerblichen Fortbildungsschule (Erl. v. 14./1. 84) und in der höheren Bürgerschule (Cirk.-Vfg. v. 31./3. 82, Cirk.-Erl. v. 27./5. 82). Gewerbliche Fachschulen, als Landwirthschaftsschulen (Reglement v. 10./8. 75), maschinentechnische Fachschulen (Erl. v. 17./10. 83 über die Entlassungsprüfungen an denselben), Baugewerkschulen (Prüfungsordnung v. 6./9. 82), Innungsfachschulen (§ 97a G.O.) u. s. w. Praktische Ausbildung der Lehrlinge (§ 126, 128, 98a, 100e, 106 G.O.).

Wissenschaftliche Vorbildung auf den Gymnasien, Realgymnasien und Oberrealschulen (Cirk.-Vfg. v. 31./3. 82 über die Lehrpläne u. Cirk.-Erl. v. 27./5. 82 über die Entlassungsprüfungen an diesen Schulen). Prüfungsordnung für das Lehramt an höheren Schulen v. 5./2. 87, Einrichtung der Vorschulen (Cirk. v. 23./4. 83). Wissenschaftliche Ausbildung auf den Universitäten und technischen Hochschulen (Statut der technischen Hochschule zu Berlin v. 28./7. 82, der technischen Hochschulen zu Hannover und Aachen v. 7./9. 80 u. 13./12. 82). Habilitationsordnung für die technischen Hochschulen v. 24./4. 84. Orientalisches Seminar (R.G. v. 23./5. 87). Thierärztliche Hochschulen, Landwirthschaftliche, Forst- und Bergakademieen.

Künstlerische und kunstgewerbliche Ausbildung auf den Königl. Kunstschulen, den Kunstgewerbeschulen und den Königl. Kunstakademieen (Statut der Königl. Akademie der Künste zu Berlin v. 19./6. 82).

Militärische Bildungsanstalten, als die Kadettenanstalten (Aufnahmebestimmungen v. 26./6. 69), die Kriegsschulen, die vereinigte Artillerie- und Ingenieurschule zu Berlin, die Kriegsakademie zu Berlin.

Besondere Unterrichtsanstalten für Taubstumme (Prüfungsordnung der Lehrer und Vorsteher v. 27./6. 78 u. 11./6. 81). Unterrichtsbetrieb in Blinden- und Irrenanstalten.

Vorrechte der höheren Schulen beziehentlich Hochschulen hinsichtlich der Berechtigung zum einjährig-freiwilligen Dienst (§ 90 Ersatzordnung v. 28./9. 75) und hinsichtlich der Befähigung zum Eintritt in den Staatsdienst.

Pflicht der Schule zur sittlichen Erziehung. Schulzucht (K.O. v. 14./5. 25, Cirk. v. 29./5. 80 über Schüler-Verbindungen). Recht des Lehrherrn zur Ausübung der väterlichen Zucht (§ 127, 126 G.O.). Verbot der Theilnahme von Schülern und Lehrlingen an politischen Vereinigungen (§ 8 G. v. 11./3. 50). Akademische Disciplin (G. v. 29./5. 79).

Beaufsichtigung des privaten Unterrichtswesens (Ministerialinstruktion v. 31./12. 39).

§ 6. Beförderung der Bildung, Wissenschaft und Kunst.

Unterhaltung von wissenschaftlichen und Kunstsammlungen. Erhaltung der Gegenstände, die einen besonderen wissenschaftlichen, geschichtlichen oder Kunstwerth haben (§ 16 u. 30 G. v. 1./8. 83, § 21 Nr. 2 G. v. 20./6. 75, Art. 24 Nr. 2 G. v. 3./6. 76).

Schutz des Urheberrechts an Schriflwerken, Kunstwerken, Photographien, Mustern und Modellen (R.G. v. 11./6. 70, 9./1. 76, 10./1. 76 u. 11./1. 76, Uebereinkunft betr. Bildung eines internationalen Verbandes zum Schutze von Werken der Litteratur und Kunst v. 9./9. 86).

Unterstützung wissenschaftlicher Bestrebungen, Errichtung und Unterhaltung wissenschaftlicher Institute (Statut der Königl. Akademie der Wissenschaften v. 28./3. 81, des geodätischen Instituts v. 15./1. 87, des Kaiserl. deutschen archäologischen Instituts v. 9./4. 87).

Beförderung der Kunst durch staatliche Unterstützung. Königl. Akademie der Künste (Statut v. 19./6. 82). Versagung der baupolizeilichen Erlaubniß wegen Verunstaltung von Straßen oder Plätzen (§ 71 I 8).

§ 7. Beförderung der Religion.

Schutz der Bekenntnißfreiheit (Art. 12 P. Vf.). Freiheit der Religionswahl (§ 84 II 2). Freiheit des Austritts aus der Kirche (G. v. 14./5. 73, G. v. 28./7. 76 betr. den Austritt aus den jüdischen Synagogengemeinden, G. v. 4./7. 75 betr. die Rechte der zum Altkotholizismus Uebergetretenen). Unabhängigkeit des Genusses der bürgerlichen Rechte von dem religiösen Bekenntnisse (R.G. v. 3./7. 69). Beseitigung des Zwanges zur Taufe, der konfessionellen Eheschließungsform, des konfessionellen Eides und der kirchlichen Mitwirkung im Ehescheidungsverfahren (R.G. v. 6./2. 75, die neuen Prozeßordnungen, R.d.J.=M. v. 27./8 79, J.=M.Bl. 80 S. 369). Strafbarkeit der Störung des Gottesdienstes (§ 167 Str.G.B.)

Verbot der dem kirchlichen Frieden gefährlichen Orden (R.G. v. 4./7. 72, Bek. v. 20./5. 73, G. v. 31./5. 75, Art. 5 G. v. 29./4. 87).

Beförderung der christlichen Religion. Vorrechte der christlichen Kirchen (§ 17 ff. II 11, § 9 G. v. 11./3. 50). Aeußere Heilighaltung der christlichen Sonn- und Feiertage (K.O. v. 7./2. 37, § 366 Nr. 1 Str.G.B., § 171, 681 C.P.O., § 126 G.O., § 84 G. v. 8./11. 10). Unterstützung durch Geldzuwendungen. Beitreibung kirchlicher Abgaben im Verwaltungszwangsverfahren (K.O. v. 19./6. 36, Art. 3 G. v. 25./5. 74). Erforderniß der wissenschaftlichen Vorbildung der Geistlichen (G. v. 11./5. 73, Art. 1 u. 2 G. v. 21./5. 86).

Selbständigkeit der unter landesherrlichem Kirchenregiment stehenden evangelischen Kirche infolge Einführung der Synodalverfassung (A. Erl. v. 10./9. 73, 20./1. 76, G. v. 25./5. 74, 3./6. 76, A. Erl. v. 4./11. 76 f. Schleswig-Holstein, v. 7./11. 77 f. Lauenburg, v. 4./7. 77 für Wiesbaden, v. 12./4. 82 f. Hannover, v. 16./12. 85 f. Kassel).

Freiheit der katholischen Kirche hinsichtlich der Erziehung des Klerus und der Ausübung der Disciplinargewalt über die Geistlichen (G. v. 12./5. 73, Art. 3 ff. G. v. 21./5. 76, Art. 3 u. 4 G. v. 29./4. 87).

Fürsorge des Staates für die Erhaltung des kirchlichen Vermögens (G. v. 3./6. 76 betr. die evangelische Kirchenverfassung, G. v. 20./6. 75 über die Vermögensverwaltung in den katholischen Kirchengemeinden).

Kapitel IV.
Vermögensschutz.

§ 8. Schutz gegen Beeinträchtigung des Vermögens.

a) Vermögensschutz gegen Beschädigung von Sachen und sonstige mit der Sache vorgenommene Veränderungen, durch welche die Brauchbarkeit oder der Werth der Sache vermindert wird. Schutz des Grundeigenthümers gegen Zuleitung schädlicher Substanzen. Strafbarkeit der Sachbeschädigung beziehentlich der Entziehung von Sachen nach § 303 ff., 308 ff., 274, 133, 136, 137 Str.G.B., der Störung des Telegraphenbetriebes nach § 317 u. 318 Str.G.B. Strafrechtlicher Schutz des Grundeigenthums gegen Beschädigungen (§ 14, 15, 24, 26 Nr. 1, 27, 28 Nr. 2 u. 3, 30,

31, 35 Nr. 2 des Feld- und Forstpolizeigesetzes v. 1./4. 80). Strafrechtlicher Schutz der Wegeanlagen (§ 366 Nr. 9 u. 10 Str.G.B.).

b) Schutz gegen unbefugte Aneignung eines Vermögensrechts. Strafbarkeit der unbefugten Aneignung von Sachen nach § 242 ff., 246, 370 Nr. 1 u. 2 Str.G.B., G. v. 26./3. 56 über unbefugte Gewinnung von Mineralien, § 6, 18 ff., 25 Nr. 1 u. 2, 39 des Feld- und Forstpolizeigesetzes v. 1./4. 80, G. v. 15./4. 78 betr. den Forstdiebstahl, § 292 ff., 368 Nr. 11, 296, 296a, 370 Nr. 4, 291 Str.G.B., der unbefugten Ausübung eines Besitzrechts nach § 123, 124, 368 Nr. 9 Str.G.B., § 9, 10, 36 G. v. 1./4. 80, § 289 Str.G.B., der unbefugten Ausübung oder Ueberschreitung eines Benutzungsrechts nach § 299, 290 Str.G.B., § 40, 42, 26 Nr. 2 u. 3, 28 Nr. 1 G. v. 1./4. 80, und der unbefugten Ausübung eines Verfügungsrechts nach § 266 Nr. 2 Str.G.B.

c) Schutz gegen gewaltthätige Vermögensschädigungen. Strafbarkeit des Raubes und der Erpressung nach § 249 ff., 253 ff. Str.G.B.

d) Schutz gegen betrügerische Vermögensschädigungen. Ersatzpflicht bei fahrlässiger Täuschung (§ 219 I 13, 209 I 14, Art. 180a u. 213b H.G.B. nach R.G. v. 18./7. 84). Strafbarkeit des Betruges nach § 263 ff. Str.G.B.

e) Schutz gegen Nichterfüllung einer vermögensrechtlichen Verbindlichkeit. Strafbarkeit der böswilligen Nichtbefriedigung der Gläubiger nach § 209, 211, 212 K.-O., § 288 Str.G.B., des leichtsinnigen Bankerutts nach § 210 K.-O., der Verletzung der Dienstpflicht seitens des Schiffsmanns oder des Gesindes nach § 298 Str.G.B., § 81 ff. der Seemannsordnung v. 27./12. 72 u. G. v. 24./4. 54, der Untreue nach § 266 Nr. 1 u. 3 Str.G.B., Art. 249 H.G.B., und des in vermögensrechtlicher Beziehung nachtheiligen Verraths von Privatgeheimnissen durch Justiz- oder Medizinalpersonen nach § 300 Str.G.B.

§ 9. Schutz gegen Gefährdung des Vermögens.

a) Sicherungsvorschriften gegen die Gefahr der Beschädigung von Sachen. Bedeutung der hauptsächlich im Interesse der menschlichen Gesundheit erlassenen Sicherungsvorschriften für den Vermögensschutz. Errichtung von Anlagen, welche benachbarten Grundstücken schädlich werden können (§ 125 ff. 185

I 8, § 16 G.O. betreffs der Stauanlagen, G. v. 15./11. 11 wegen des Wasserstauens bei Mühlen). Räumungspflicht der Flußanlieger (§ 7 G. v. 28./2. 43). Pflicht der Beaufsichtigung des Viehs (§ 11 des Feld- und Forstpolizeigesetzes v. 1./4. 80). Vertilgung der dem Pflanzenbau besonders schädlichen Thiere (R.G. v. 3./7. 83, G. v. 27./2. 78 u. 23./3. 85 über Abwehr und Unterdrückung der Reblauskrankheit, Kaiserl. V. v. 4./7. 83 u. 7./4. 87 über Ein- und Ausfuhr von Reben u. s. w., Polizeiverordnungen). Sicherungsvorschriften gegen Viehseuchen (R.G. v. 23./6. 80, Instruktion v. 24./2. 81, R.G. v. 25./2. 76 über Desinfektion der zum Viehtransport benutzten Eisenbahnwagen, Ausführungsverordnung v. 19./11. 86, R.G. v. 7./4. 69 betr. Maßregeln gegen die Rinderpest, A. Erl. v. 9./6. 73, § 328 Str.G.B.).

b) Sicherung gegen die Gefahr von Täuschungen über thatsächliche Verhältnisse. Strafbarkeit der Lebensmittelfälschung nach § 10 R.G. v. 14./5. 79. Schutz gegen Täuschungen bei dem Verkaufe von Kunstbutter (R.G. v. 12./7. 87). Sicherung gegen Täuschungen über den Feingehalt edler Metalle. Staatliche Prägung der Münzen (R.G. v. 4./12. 71 u. 9./7. 73). Strafbarkeit der Münzfälschung (§ 146 ff. Str.G.B.). Vorschriften über Bezeichnung des Feingehalts auf Gold- und Silberwaaren (R.G. v. 16./7. 84). Sicherung gegen Täuschungen über den Ursprung einer Waare, Firmenschutz (Art. 15 ff., 10, 85 ff. 176, 210, 212 H.G.B., § 2 R.G. v. 4./7. 68) und Markenschutz (R.G. v. 30./11. 74).

Sicherung gegen falsches Maß oder Gewicht. Pflicht der Gewerbetreibenden zur Verwendung gestempelter Maße, Waagen und Gewichte (Art. 10—13 R.G. v. 17./8. 68 u. 11./7. 84, § 369 Nr. 2 Str.G.B., Aichordnung v. 27./12. 84, Bek. v. 27./7. 85 über die Fehlergrenzen, R.G. v. 20./7. 81 über die Schankgefäße). Anstellung beeideter Messer (§ 36 G.O., Prüfungsordnung für Landmesser v. 4./9. 82).

Schutz gegen Täuschungen über den Werth von Sachen. Amtliche Taxe (Tit. 6 Th. II Allg. Ger.O.). Amtliche Feststellung der Börsen- und Marktpreise. Amtliche Beglaubigung der Beschaffenheit der Waaren (§ 36 G.O., G. v. 15./3. 75 über Leinwandleggen, Reglement v. 23./1. 80 für die mechanisch-technische und chemisch-technische Versuchsanstalt und die Prüfungsstation für Baumaterialien zu Berlin). Schutz gegen Täuschungen über den Werth der Aktien Kundbarmachung des Gründergewinns und des jährlich aufzustellenden

Vermögensstandes (Art. 176, 180, 180e, 185c, 210, 213a, 213f, 239b H.G.B. nach R.G. v. 18./7. 84). Strafbarkeit der Täuschungen im Aktienverkehr (Art. 249a Nr. 2, 249d Nr. 1 u. 2 H.G.B. nach R.G. v. 18./7. 84). Einrichtung der Gesindebücher zur Sicherung gegen Täuschungen über die frühere Aufführung des Gesindes).

c) Sicherung gegen die Gefahr von Täuschungen über rechtliche Verhältnisse. Beschränkung der Wirksamkeit vermögensrechtlicher Befugnisse (Ansprüche oder Einwendungen) zum Schutz des redlichen Verkehrs. Erforderniß der Erkennbarkeit durch Besitz beziehentlich Eintragung im Grundbuch für die Dinglichkeit der Rechte an Sachen bei Eigenthumserwerb (§ 1 ff. I 10, § 1 ff. G. v. 5./5. 72, § 32 ff. G. v. 11./6. 74, § 97, 124 G. v. 13./7. 83, § 68 G. v. 5./7. 72, Art. 436 ff. H.G.B.), bei Benutzungsrechten (§ 2 ff. I 21, § 12 G. v. 5./5. 72), bei Pfandrechten (§ 104 ff., 244, 253 I 20, § 18, 57, 23, 24 u. 30 G. v. 5./5. 72, Art. 59 Einf.G. v. 24./6. 61, § 712 C.P.O., § 16—18 G. v. 13./7. 83) und bei Rechten auf Erwerb einer Sache (§ 569 ff. I 20, § 12 G. v. 5./5. 72). Erwerb und Verlust des die Dinglichkeit begründenden Besitzes (§ 66 ff. I 7, § 244, 299 ff. I 20, § 14 Einf.G. v. 10./2. 77). Erforderniß der Kundbarmachung für den vollwirksamen Erwerb von Rechten an Forderungen (§ 393 ff. I 11, § 281 I 20, V. v. 9./12. 1809, § 730, 754 C.P.O.), insbesondere an Namensaktien s. (Art. 183, 223 H.G.B.), an Inhaberpapieren, an Ordrepapieren (Art. 9 ff. W.O., Art. 305 H.G.B.), an Hypotheken und Grundschulden (§ 20 G. v. 5./5. 72, § 79, 84, 94 Abs. 2 G.B.O. v. 5./5. 72). Beschränkte Zulässigkeit der Gesammtrechtsnachfolge (§ 288 I 12, § 361 II 1). Wirksamkeit des persönlichen Rechts im Verhältniß zu Dritten (§ 22 ff. K.O., R.G. v. 21./7. 79, § 24 u. 25 I 10, § 5 I 19, § 4 u. 5 G. v. 5./5. 72, § 276 I 13). Wirksamkeit der nicht erkennbaren Willensmängel (§ 82 I 4). Unzulässigkeit von Einreden aus dem der Uebereignung von Sachen oder der Ausstellung eines abstrakten Schuldversprechens zu Grunde liegenden Rechtsverhältnisse gegen Dritte. Beschränkung der sonstigen Einreden gegen Wechsel, Ordrepapiere, Inhaberpapiere und Grundschulden, der Einreden gegen Hypotheken und der Einrede der Gegenforderung gegenüber dritten Erwerbern der Forderung (Art. 82 W.O., Art. 303 H.G.B., § 38 u. 39 G. v. 5./5. 72). Wirksamkeit der Verfügungsbeschränkungen

(§ 17—19 I 4, § 11, 49 G. v. 5./5. 72, § 264 I 11, § 603, 627 C.P.O., § 85 Vorm.O., § 326, 333, 334 St.P.O. § 5—7, 103—106, 98 vierter Satz K.O.). Wirksamkeit der Einschränkung und der Zurücknahme der Vertretungsbefugniß bei Vollmachten nach Landrecht (§ 87 ff., 93 I 13), nach Handelsrecht (Art. 43, 50, 116, 138, 231, 296, 496 ff., 46, 115, 135, 233 H.G.B., § 21 u. 23 R.G. v. 4./7. 68) und nach den Prozeßordnungen (§ 79, 676, 83 C.P.O., § 124 K.O.).

Sicherung gegen Täuschungen über den Umfang der Haftbarkeit (Art. 25, 129 H.G.B., § 4 u. 25 R.G. v. 4./7. 68, § 412 ff. II 1, Art. 176, 178, 203, 210, 211 u. 248 H.G.B.).

Verfügungsbefugniß des äußerlich Legitimirten im Verhältniß zu gutgläubigen Dritten*). Legitimation durch Besitz (Art. 306, 307 H.G.B., § 45 I 15, Art. 74 W.O., Art. 305 H.G.B.), durch Eintragung im Grundbuche (§ 9, 38 Abs. 3 G. v. 5./5. 72) und durch Erbbescheinigung (G. v. 12./3. 69). Urkundliche Legitimation des Gläubigers gegenüber dem Schuldner bei Inhaberpapieren und Ordrepapieren (Art. 36 W.O., Art. 305 H.G.B.).

Sonstiger Schutz des redlichen Besitzers. Relatives Recht desselben, Recht auf Einlösung der von ihm besessenen Sache, Eigenthumserwerb hinsichtlich der Früchte, bei Stoffverbindungen und Stoffverarbeitungen (§ 169 ff. I 7, § 26 I 15, § 80 ff. I 20, § 304 ff. I 9, Art. 218 H.G.B.).

d) Sicherung gegen Vermögensverluste durch Nichterfüllung einer Verbindlichkeit. Untersagung des Gewerbebetriebes unzuverlässiger Vermittler (§ 35 G.O.). Anstellung besonderer Auktionatoren für die Versteigerung von Grundstücken (§ 35 G.O.). Zuständigkeit der Gerichte, Notare und Gerichtsvollzieher für Abhaltung von Versteigerungen (Th. I Tit. 51 Allg. Ger.-O., § 74 G. v. 24./4. 78). Erforderniß staatlicher Genehmigung für Errichtung von Wittwen-, Sterbe- und Aussteuerkassen, Sparkassen und Versicherungsanstalten (§ 651 I 11, Regl. v. 12./12. 38, G. v. 17./5. 53, § 360 Nr. 9 St.G.B.), für Ausgabe von Inhaberpapieren (G. v. 17./6. 33) und für Begründung einer juristischen Person (§ 25 II 6). Sicherung eines soliden Geschäftsbetriebs der Notenbanken (R.G. v. 14./3. 75). Schutz der Gläubiger der Aktiengesellschaft (Art. 176 Nr. 2, 197, 201—203, 210 Nr. 2, 217,

*) Vgl. Ebbecke, Berechtigung und äußere Befugniß. 1884.

245—248 H.G.B. nach R.G. v. 18. 7. 84). Vorschriften des R.G. v. 18./7. 84 über Höhe der Einlagen behufs Fernhaltung des kleineren Publikums. Sicherung der Aktionäre gegen Vermögensverluste durch die Bestimmungen dieses Gesetzes über Organisation der Aktiengesellschaften und über Verwaltung derselben (Art. 185 b, 239 b).

Kapitel V.

Eigenthumsvertheilung.

§ 10. Der freie Wettbewerb.

Grundsatz der Freiheit der Person. Unzulässigkeit der Sklaverei, Leibeigenschaft und Erbunterthänigkeit (G. v. 9./3. 57, § 10 Ed. v. 9./10. 1807, § 234 St.G.B.). Unzulässigkeit der unbeschränkten Aufgabe der persönlichen Freiheit durch Dienstverträge (§ 7 Ed. v. 14./9. 11, § 40 u. 147 G. v. 8./11. 10, § 131 G.O., Art. 62 H.G.B.).

Grundsatz der Eigenthumsfreiheit. Beschränkte Gültigkeit fideikommissarischer Substitutionen (§ 55 I 12). Verbot der Errichtung von Lehen (G. v. 5./6. 52). Beschränkungen der Familienfideikommisse (§ 48 ff. II 4). Erleichterte Aufhebung der Familienfideikommisse und Lehne (G. v. 15./2. 40, G. v. 16./3. 77 u. s. w. über Aufhebung des Lehnsverbandes). Erforderniß der staatlichen Genehmigung zur Errichtung von Stiftungen und größeren Zuwendungen an Stiftungen (G. v. 23./2. 70, sowie zum Erwerb von Grundeigenthum durch Korperationen (§ 83 II 6). Unzulässigkeit der Einsetzung von Erben oder Vermächtnißnehmern, die erst in ferner Zeit geboren werden. Beschränkte Zulässigkeit der Bestellung dinglicher Rechte nach römischem Recht im Interesse der Eigenthumsfreiheit. Wahrung der Grundeigenthumsfreiheit (Ed. v. 14./9. 11, G. v. 2./3. 50. insbesondere § 91). Ungültigkeit von Vereinbarungen, durch welche die Aufhebung einer Gemeinschaft (Miteigenthum, Gesellschaft) auf unbegrenzte Zeit ausgeschlossen wird (§ 80, 289 I 17). Ungültigkeit der Aufgabe der Verfügungsfreiheit, der freiwilligen Stellung unter Vormundschaft, des Verzichtes auf Widerruf einer Vollmacht und von vertragsmäßigen Beschränkungen, an denen der andere Theil kein gerechtfertigtes Interesse haben kann (§ 48 G. v. 5./5. 72).

Grundsatz der Gewerbefreiheit und Verbrauchsfreiheit. Aufhebung der ausschließlichen Gewerbeberechtigungen und der Zwangsrechte (§ 7 ff. G.O., G. v. 17./12. 72 betr. das Abdeckereigewerbe). Ungültigkeit von Verträgen, welche gegen den Grundsatz der Gewerbefreiheit oder Verbrauchsfreiheit verstoßen (§ 10, 117 G.O.).

Grundsatz der Verkehrsfreiheit. Anerkennung der Freizügigkeit im R.G. v. 1./11. 67. Allgemeine Benutzbarkeit der öffentlichen Wege und Verkehrsanstalten (Art. 54 R.Vf.).

§ 11. Staatliche Regelung der Eigenthumsverteilung.

a) Staatliche Unterstützung in Nothfällen. Recht auf Armenunterstützung (§ 1 II 19, § 1 G. v. 8./3. 71, § 32, 56 R.G. v. 6./6. 70). Recht des Schuldners auf Belassung der nothwendigsten Gegenstände (§ 715 Nr. 1, 2, 3 u. 10 C.P.O., § 31 V. v. 7./9. 79). Pflicht der deutschen Kauffahrteischiffe zur Mitnahme hülfsbedürftiger Seeleute (R.G. v. 27./12. 72). Unterstützung bei außerordentlichen Nothständen nach Spezialgesetzen. Vorbeugende Armenpflege (§ 361 Nr. 5 Str.G.B.). Maßregeln gegen Müßigang (§ 361 Nr. 7, 3, 4, 362 Str.G.B., § 8 II 19). Maßregeln gegen Verschwendung. Zulässigkeit der Entmündigung eines Verschwenders im öffentlichen Interesse (§ 621 C.P.O., § 9 I 38 Allg.Ger.O.). Beschränkung der öffentlichen Lustbarkeiten und des Wirthschaftsbesuches (§ 33, 33a, 33b, 55 Nr. 4, 57 Nr. 5 G.O., Bek. v. 14./9. 79, § 365 Str.G.B.). Verbot des Spiels und der Spekulationsgeschäfte (§ 577 I 11, § 284—286, 360 Nr. 14 Str.G.B., G. v. 29./7. 85 über das Spielen in außerpreußischen Lotterieen, § 56c, 56 Nr. 10 G.O., R.G. v. 8./6. 71 über Inhaberpapiere mit Prämien, § 649 ff. I 12). Verbot der Pfändung von Handwerkszeug, des Arbeitslohns und der Bezüge aus Hülfskassen, um den Arbeitstrieb beziehentlich Spartrieb nicht zu lähmen (§ 715 Nr. 4 u. 5, 749 C.P.O., R.G. v. 21./6. 69, § 31 u. 51 V. v. 7./9. 79). Pflicht der Hausbesitzer zur Versicherung gegen Brandschaden (G. v. 31./3. 77, A.Erl. v. 18./9. 61). Beförderung des Auswanderns.

b) Fürsorge für den Arbeiterstand. Einführung der Krankenversicherung und Unfallversicherung (R.G. v. 15./6. 83 über Krankenversicherung, v. 6./7. 84 über Unfallversicherung, v. 28./5. 85 betr. die Transportgewerbe, v. 5./5. 86 betr. die land- und forstwissenschaftlichen Betriebe, v. 11./7. 87 über die Unfallversicherung in den Baugewerben, v. 13./7. 87 über die Unfallversicherung in der Seeschifffahrt). Anspruch auf Krankenunterstützung aus dem Dienstvertrage (Art. 60 H.G.B., § 86 ff. G. v. 8./11. 10, § 48 ff. der Seemannsordnung v. 27./12. 72). Gebot der Baarauszahlung der Löhne (§ 115 G.O.). Sorge für Arbeitsnachweisung (§ 97 G.O.). Veranstaltung öffentlicher Arbeiten zur Beseitigung eines außergewöhnlichen Arbeitsmangels.

c) Regelung des Geldumlaufs durch Vermittlung der öffentlichen Kreditanstalten. Einrichtung der Reichsbank, Recht derselben zur Notenausgabe (R.G. v. 14./3. 75). Einrichtung der landschaftlichen Kreditanstalten und der Sparkassen (Regl. v. 12./12. 38). Schutz der Kreditsuchenden gegen Ausbeutung. Strafbarkeit des Wuchers nach R.G. v. 24./5. 80, Beaufsichtigung des Pfandleihgewerbes (§ 34, 38 G.O., Bek. v. 21./9. 79, G. v. 17./3. 81, Bek. v. 16./7. 81, § 360 Nr. 12 Str.G.B.), Beschränkungen der Höhe der Zinsen (R.G. v. 14./11. 67, § 818 I 11, § 33 u. 213 I 20, Art. 291 H.G.B.), Zulässigkeit der Brottaxen (§ 73, 74 G.O.).

d) Fürsorge für Erhaltung des Mittelstandes. Einführung des Anerbenrechts im Interesse der Erhaltung eines mittleren Grundbesitzes (Landgüterordnung für Hannover v. 2./6. 74, 24./2. 80 u. 20./2. 84, für Westfalen v. 30./4. 82, für Brandenburg v. 10./7. 83, für Schlesien v. 24./4. 84, für Schleswig-Holstein v. 2./4. 86, für Kassel v. 1./7. 87). Ankauf und Parzellirung von Großgrundbesitzungen.

Förderung von gemeinschaftlichen Geschäftseinrichtungen der Handwerker zur Erlangung der Vortheile des Großbetriebes, Fürsorge für gehörige gewerbliche Ausbildung derselben, Aufgabe und Rechte der neuen Innungen (§ 97, 97a, 98a, 100 G.O., R.G. v. 8./12. 84 u. 6./7. 87). Rücksichtnahme auf die mittleren Gewerbetreibenden bei Ausschreibung der vom Staate zu vergebenden Lieferungen (Erl. v, 17./7. 85 betr. das Verdingungswesen). Begünstigung der einheimischen Handwerker nach § 64 G.O., der inländischen Küstenschifffahrt nach R.G. v. 22./5. 81.

Kapitel VI.

Wirthschaftspflege.

§ 12. Beförderung der Gütererzeugung.

Beseitigung der im Privateigentum begründeten Hindernisse, welche einer wirtschaftlichen Ausnutzung des Landes oder einem wirthschaftlichen Gewerbebetriebe entgegenstehen. Ablösbarkeit der landeskulturschädlichen Berechtigungen (G. v. 7./6. 21 u. 2./3. 50). Beschränkte Gültigkeitsdauer neu begründeter Rechte dieser Art (§ 164, 27 G. v. 7./6. 21). Zusammenlegung der landwirthschaftlich benutzten Grundstücke nach dem G. v. 2./4. 72. Recht auf Entwässerung und Bewässerung im Interesse der Landeskultur (§ 13 ff. G. v. 15./11. 11, § 24 ff. G. v. 28./2. 43). Ablösbarkeit der Stauungsrechte (§ 11 u. 12 G. v. 15./11. 11). Zwangsweise Bildung einer Wassergenossenschaft (G. v. 1./4. 79). Pflicht der Besitzer von Waldgrundstücken zur Ausführung der Schutzanlagen, welche zur Verhütung der Versandung, des Abrutsches, der Austrocknung von Flüssen und zur Abwehr schädlicher Winde im Interesse der Landeskultur angeordnet sind (§ 1 ff. G. v. 6./7. 75). Zwangsweise Bildung einer Waldgenossenschaft zu Zwecken der Forstkultur (§ 23 ff. G. v. 6./7. 75). Einschränkung der Servitutrechte an Genossenschaftsgrundstücken zu Gunsten der Waldgenossenschaft (§ 30 G. v. 6./7. 75). Beschränkungen des Jagdrechts im Interesse der Erhaltung des Wildstandes (G. v. 7./3. 50). Bestimmungen über die Schonzeiten des Wildes (G. v. 26./2. 70). Ablösbarkeit der der Fischerei schädlichen Berechtigungen, Beseitigung des Rechts des freien Fischfangs, zwangsweise Bildung von Fischereigenossenschaften, Bestimmungen über Schonzeiten und Schonreviere, Beschränkungen hinsichtlich des Fanges junger Fische, der Fangarten und Fanggeräte (G. v. 30./5. 74, Ausführungsverordnungen für die einzelnen Provinzen v. 8./8. 87). Schärfrecht, Recht des Entdeckers beziehentlich des Muthenden auf Verleihung des Bergwerkseigentums, Enteignungrecht hinsichtlich des zum Bergwerksbetriebe erforderlichen Grund und Bodens, Recht auf Anlegung von Hülfsstollen im Bergfeld des Nachbars (Berg-G. v. 24./6. 65). Einschränkung privatrechtlicher Untersagungsrechte zu Gunsten der konzessionirten gewerblichen Anlagen (§ 26 G.O.). Beschränkung des Rechts der Wasserableitung und Aufhebung des Verbots der Verunreinigung der Fischgewässer im Interesse der Industrie (§ 15 G. v. 28./3. 43, § 43 G. v. 30./5. 74). Schutz der in früherer Zeit errichteten Mühlen gegen Entziehung des Windes beziehentlich Wassers (V. v. 18./11. 19, § 16 u. 17 G. v. 28./2. 43).

Beförderung des Gewerbebetriebes. Pflicht des Bergwerksbesitzers zu einem geordneten Bergbaubetriebe (§ 65 ff. 156 ff. G. v. 24./6. 65). Aufsicht des Staates über die öffentlichen Wasser-, Wald- und Fischereigenossenschaften, Beaufsichtigung der Gemeinde-

und Stiftungswaldungen im Interesse einer nachhaltigen forstmäßigen Benutzung (G. v. 14./8. 76 u. 14./3. 81). Recht des Staates, die in Verfall gekommenen Landstellen öffentlich zu verkaufen (§ 60 ff. I 8). Köhrungsordnungen behufs Hebung der Viehzucht. Sorge für das Vorhandensein wissenschaftlich gebildeter Thierärzte (§ 29, 147 Nr. 3 G.O., Prüfungsordnung für Thierärzte v. 27./3. 78). Befähigungsnachweis für den Betrieb des Hufbeschlaggewerbes (§ 30a G.O., G. v. 18./6. 84, Cirk. v. 23./1. 85). Beförderung der Landeskultur und des Gewerbfleißes durch Gewährung von Prämien und Unterstützungen, durch Veranstaltung gewerblicher Ausstellungen und durch Errichtung von Musteranstalten. Errichtung von Landeskulturrentenbanken (G. v. 13./5. 79). Patentrecht ür gewerbliche Erfindungen (R.G. v. 25./5. 77). Schutz der durch die ausländische Konkurrenz bedrohten Gewerbszweige durch Einführung von Zöllen (Zolltarif nach der Bek. v. 24./5. 85, R.G. v. 21. 12. 87 über Erhöhung der landwirthschaftlichen Zölle). Begünstigung der in ein einzelnen Landestheilen unter ungünstigeren Bedingungen arbeitenden Gewerbe durch Bewilligung von Differentialtarifen.

§ 13. Beförderung des Verkehrs.

Beförderung des inländischen Verkehrs, um die Vortheile der Gütererzeugung allen Theilen des Staatsgebiets gleicherweise zugänglich zu machen. Errichtung und Unterhaltung öffentlicher Verkehrswege. Zulässigkeit der Enteignug (G. v. 11./6. 74 und 2. 7. 75). Nachweis der Zugänglichkeit einer neuen Ansiedlung durch öffentlichen Weg vor Ertheilung der Genehmigung zur Ansiedlung (§ 14 G. v. 25./8. 76). Pflicht der Uferbesitzer an schiffbaren Flüssen zur Ueberlassung des zur Stromregulirung erforderlichen Landes (G. v. 20./8. 83). Recht des Staates zur Umwandlung eines Privatwegs in einen öffentlichen Weg und zur Schiffbarmachung eines Privatflusses (§ 40 II. 15). Sorge für gute Beschaffenheit der Wege (V. v. 17./3. 39 u. G. v. 20./6. 87 über Benutzung der Kunststraßen). Zulässigkeit von Verkehrsabgaben zur Deckung der Kosten der Kunstbauten (V. v. 16./6. 38, K. O. v. 29./2. 40, Art. 54 R.Vf.). Fürsorge für den Verkehr durch öffentliche Verkehrsanstalten. Vorrechte der Post- und Telegraphenanstalten (§ 1, 2 u. 15 R.G. v. 28. 10. 71, Art. 48 R.Vf.). Erforderniß staatlicher Genehmigung zur Anlage von Privateisenbahnen (G. v. 3./11. 38). Eisenbahnverstaatlichungsverträge. Beförderungssätze der Post- und Telegraphenanstalten (Posttaxgesetz v. 28. 10. 71 u. 17./5. 73, Postordnung v. 8./3. 79, 24./8. 79, 12./3. 83 u. 8./3. 86, Telegraphenordnung v. 13./8. 80 u. 11./6. 86). Beförderungssätze der Eisenbahnen (§ 29 ff. G. v. 3./11. 38). Erhöhte Beförderungsgebühr bei Uebernahme der Garantie, welche sonst nur in beschränkter Weise zu leisten ist (§ 6 ff. R.G. v. 28./10. 71, § 68 und 70 des Betriebreglements v. 11./5. 74 für die Eisenbahnen). Polizeiliche Regelung des örtlichen Verkehrs (§ 37 G.O.). Veranstaltung öffentlicher Märkte. Erforderniß staatlicher Genehmigung der Markt und Börsenordnungen (§ 65, 69 G.O., Art. 3, Einf.G. v. 24./6. 61). Befreiung des Marktverkehrs von der Gewerbesteuer im Umherziehen (§ 2 G. v. 3./7. 76).

Beförderung des Verkehrs mit dem Auslande im Interesse der Mehrung des Volksreichthums. Abschließung von Handelsverträgen (v. 23./5. 81 mit Oesterreich, v. 23./5. 81 mit der Schweiz, v. 4./5. 83 mit Italien, v. 12./7. 83 u. 10./5. 85 mit Spanien u. s. w.). Wiedervergeltungsmaßregeln gegen Staaten, welche deutsche Schiffe oder Waaren ungünstiger behandeln, als diejenigen anderer Staaten (§ 6 des Zolltarifgesetzes nach Bek. v. 24./5. 85). Einrichtung von Konsulaten (R.G. v. 10./7. 79 über Konsulargerichtsbarkeit). Berechtigung der deutschen Schiffe zur Führung der Reichsflagge (§ 2 R.G. v. 25./10. 67). Unterstützung der überseeischen Postdampfschiffsverbindungen (R.G. v. 6./4. 85, Vertrag v. 4./7. 85). Erwerb von Kolonieen.

Kapitel VII.

Schutz der Freiheit.

§ 14. Schutz der Freiheit.

Schutz der Freiheit der Bewegung, Strafbarkeit der Freiheitsberaubung nach § 239 St.G.B., der betrüglichen und gewerbsmäßigen Verleitung zum Auswandern nach § 144 St.G.B., der Bemächtigung eines Menschen, um ihn in auswärtige Kriegs- oder Schiffsdienste zu bringen, nach § 234 St.G.B. Schutz der Freiheit des Handelns, Strafbarkeit der Nöthigung nach § 240 St.G.B. und der Urkundenfälschung nach § 267 ff. St.G.B.

Kapitel VIII.

Schutz der Ehre.

§ 15. Schutz der Ehre.

Schutz gegen Kränkung der Ehre durch ungerechte Vorwürfe oder geringschätzige Kundgebungen. Strafbarkeit der Beleidigung nach § 185 ff. St.G.B., der Beleidigung der Herrscherwürde nach § 94 ff. 98 ff. 103 u. 104 St.G.B., der falschen Anschuldigung nach § 164 St.G.B. und des für die Ehre nachtheiligen Verraths von Privatgeheimnissen durch Justiz- oder Medizinalpersonen nach § 300 St.G.B. Strafrechtlicher Schutz gegen Verletzung der Ehrfurcht gegenüber Verstorbenen im Interesse der Hinterbliebenen (§ 189, 168, 367 Nr. 1 St.G.B.), gegen Beschimpfung staatlicher Einrichtungen oder Autoritätszeichen (§ 131, 134, 135, 103a St.G.B.) und gegen Beschimpfung kirchlicher Einrichtungen (§ 166 St.G.B.).

Recht auf Berichtigung unrichtiger Mitteilungen der Presse (§ 11 R.G. v. 7./5. 74).

Strafbarkeit der unbefugten Anmaßung besonderer Ehrenvorrechte (Titel, Orden, Uniform) nach § 360 Nr. 8 St.G.B. Pflicht der Beamten und Militärpersonen zur Beachtung der staatlich verliehenen Ehrenstellung.

Kapitel IX.

Das Familienrecht.

§ 16. Freiheit der Eheschließung.

Strafrechtlicher Schutz der Eheschließungsfreiheit (§ 170, 236 St.G.B.). Verbot des außerehelichen Geschlechtsverkehrs im Interesse der Beförderung der Eheschließung. Strafbarkeit der widernatürlichen Unzucht (§ 175 St.G.B.) und des Beischlafs zwischen Verwandten (§ 173 St.G.B.). Polizeiliche Maßregeln zur Steuerung der Unzucht (§ 361 Nr. 6 St.G.B., § 33, 33a, 33b, 33c G.O., § 60b, 62 letzter Satz, 42b G.O.). Strafbarkeit der öffentlichen Unzucht (§ 183, 184 St.G.B.), der Kuppelei (§ 180, 181 St.G.B.) und der mit einer Freiheitsverletzung verbundenen Unzucht (§ 176 Nr. 1, 177, 179, 174, 176 Nr. 2 u. 3, 177, 182 St.G.B.). Bedeutung der Verwerflichkeit des außerehelichen Geschlechtsverkehrs für die Stellung der unehelichen Kinder (§ 612 ff. II 2, G. v. 24./4. 54, § 596 ff. II 2).

Beschränkungen der Annahme an Kindesstatt im Interesse der Erzeugung ehelicher Kinder (§ 668 ff. II 2).

§ 17. Persönliches Verhältniß der Familienglieder.

Pflichten der Ehegatten infolge der durch die Ehe begründeten Lebensgemeinschaft (§ 174 ff. II 1). Insbesondere Schutzpflicht des Mannes (§ 195, 232 St.G.B., § 149, 340 St.P.O.). Pflicht der Einhaltung der Wartezeit vor der Wiederverheirathung (§ 35 R.G. v. 6./2. 75). Beschränkungen der Ehescheidung (§ 668 ff. II 1, § 570—573, 580 C.P.O.). Strafbarkeit des Ehebruchs (§ 172 St.G.B.) und der Doppelehe (§ 171 St.G.B.). Verbot der Eheschließung zwischen dem wegen Ehebruchs Geschiedenen und dem Mitschuldigen (§ 33 Nr. 5 R.G. v. 6./2. 75).

Erziehungsrecht und Erziehungspflicht der Eltern (§ 61 ff. II 2, Deklaration v. 21./11. 1803, § 29 R.G. v. 6./2. 75). Erziehungsrecht betreffs der Kinder aus geschiedener Ehe (§ 92 ff. II 2). Strafrechtlicher Schutz des elterlichen Erziehungsrechts gegen Entziehung der Kinder (§ 235, 237 St.G.B.).

§ 18. Die familienrechtliche Vermögensgemeinheit.

Nießbrauchs- und Verwaltungsrecht des Familienhauptes (§ 205 ff. II 1, § 147 ff. II 2). Verfügungsrecht desselben über das gütergemeinschaftliche Vermögen (§ 345 ff. II 1). Fortgesetzte Gütergemeinschaft nach Partikularrechten. Stellvertretende Errichtung eines Testaments für ein testamentsunfähiges Kind (§ 521 ff. II 2). Recht der Ehefrau zu Haushaltungsgeschäften und zur Vertretung des abwesenden Mannes in Nothfällen (§ 321, 389, 202, 203 II 1). Sondergut der Frau und freies Vermögen der Hauskinder (§ 205 ff. II 1, § 147 ff. II 2). Beendigung der Rechte des Vaters durch Austritt der Kinder aus der väterlichen Gewalt (§ 210 ff. II 2). Pflicht des Vaters zur Sicherstellung des Kindervermögens bei Wiederverheirathung (§ 187 ff. II 2). Rechte der Wittwe und der Großeltern als befreite Vormünder (§ 17, 18, 57, 59 Vorm.-O. v. 5./7. 75).

Pflicht des Familienhauptes zur Unterhaltung der Frau und Kinder (§ 256—258 II 1, § 161, 164, 204 ff. II 2). Unterhaltungspflicht zwischen Verwandten auf- und absteigender Linie und zwischen Geschwistern (§ 251—254 II 2, § 14 ff. II 3). Ausstattungspflicht der Eltern (§ 232 ff. II 2). Pflichttheilsanspruch der Verwandten auf- und absteigender Linie und des Ehegatten (§ 391 ff. 501 ff. II 2, § 631 ff. II 1).

Erbrecht der Verwandten bei gesetzlicher Erbfolge (§ 621 ff. II 1, § 300 ff., 489 ff. II 2, § 31 ff. II 3). Recht der Kinder auf gleiches Erbrecht unter Anrechnung der Vorempfänge (§ 303 ff. II 2).

Kapitel X.

Die Staatsgewalt. Pflicht des Gehorsams.

§ 19. Verbindlichkeit von Gesetz und Verfügung.

Pflicht zur Erfüllung der durch staatliche Verfügung (Gesetz, amtliche Verfügung) oder Parteiverfügung (Rechtsgeschäft) begründeten Verpflichtungen. Voraussetzungen der Verbindlichkeit der Verfügung:

a) Wirklicher Wille des Verfügenden. Ungültigkeit der aus Scherz oder zum Schein abgegebenen Willenserklärung (§ 52 ff. I 4). Ungültigkeit des Rechtsgeschäfts wegen Irrthums über die Bedeutung der Willenserklärung, über die Identität des Geschäftsgenossen oder des Geschäftsgegenstandes, wegen betrüglich erregten Irrthums und wegen jeden Irrthums bei freigebigen Verfügungen, wenn derselbe den einzigen ausdrücklich angeführten Bewegungsgrund gebildet hat (§ 75 ff., 84 ff., 145 ff. I 4, § 577 I 12). Rücktrittsrecht (beziehentlich Recht auf Minderung des unter Voraussetzung der vollständigen Erfüllung versprochenen Preises) wegen irrthümlicher Voraussetzung der Gegenleistung, wenn der andere Theil die Gegenleistung nicht erfüllen kann (§ 364 ff. I 5, § 39, 42 I 11), wenn derselbe voraussichtlich die Gegenleistung nicht erfüllen kann (§ 657 I 11, § 50 G. v. 5./5. 72, Art. 903 H.G.B.), wenn die Gegenleistung nicht rechtzeitig und gehörig erfüllt wird (§ 229, 230, 226, 207 ff. I 11, Art. 354 – 359 H.G.B., § 938 I 11, § 298 I 21, Art. 394, 631 ff. H.G.B., § 317 ff. I 5, § 135 ff. I 11, § 273, 383, 299 ff. I 21, § 951 ff. I 11, § 408 ff. I 5, § 117 ff. G. v. 8./11. 10, Art. 62 ff. H.G.B., § 123, 124, 128 G.O., § 393 ff. I 5), wenn die mit einer freigebigen Verfügung verbundene Auflage nicht erfüllt wird oder der

Bedachte sich sonst undankbar erweist (§ 152 ff. I 4, § 200 ff. I 16, § 508 ff. I 12, § 1151 ff. I 11, § 599 I 12). Rücktrittsrecht wegen irrthümlicher Voraussetzung der Verhältnißmäßigkeit d. i. der Voraussetzung, daß die Leistung keine unverhältnißmäßig lästige oder unvortheilhafte sein werde (§ 1140 ff., 1091 ff., 1123 ff. I 11, § 235 I 21, § 58 ff., 250 ff. I 11, § 478 ff. I 21, § 377 ff., 374 ff. I 5, § 378 I 12, § 527 ff. I 11). Selbstverständliche Vertragsvoraussetzung bei accessorischen Rechtsgeschäften (Bürgschaft, Pfand, Erfüllungsversprechen), daß die Hauptforderung zu Recht besteht, falls nicht dieses Abhängigkeitsverhältniß von den Parteien ausgeschlossen ist, und bei gemeinschaftlichen Verpflichtungen, daß die Verpflichtung für sämmtliche Theilnehmer besteht.

b) Freier Wille des Verfügenden. Ungültigkeit des Rechtsgeschäfts wegen Zwanges (§ 31 ff. I 4), ausnahmsweise schon wegen bloßer Furcht (Art. 743 H.G.B.).

c) Wohlüberlegter Wille des Verfügenden. Ungültigkeit des Rechtsgeschäfts wegen Bewußtlosigkeit oder mangelnden Ueberlegungsvermögens (§ 20 ff. I 4, G. v. 12./7. 75, R.G. v. 17./2. 75, § 61 u. 97 Vorm. O. v. 5./7. 75, § 16 I 12) und wegen verdunkelten Bewußtseins (§ 91 ff. I 4).

Beschränkte Anwendbarkeit der Ungültigkeitsgründe zu a, b und c auf staatliche Verfügungen.

d) Erforderniß der gehörigen Verkündung der Gesetze und amtlichen Verfügungen (Art. 2 R.Vf., G. v. 16./2. 74, § 140, 141, 144 G. v. 30./7. 83, § 2 G. v. 23./3. 85, § 294 C.P.O.) und der Bekanntmachung der Verpflichtungserklärung einer Partei an den andern Theil (§ 78 ff. I 5, Art. 318 ff. H.G.B., § 41 G. v. 5./5. 72, § 988 I 11, § 392 I 16, § 5 u. 6 I 5).

Oertliche Geltung der Gesetze, allgemeine Geltung derselben oder beschränktere Geltung für die im Geltungsgebiet des Gesetzes vorgenommenen Handlungen, für die in diesem Gebiet befindlichen Sachen oder Nachlassenschaften, für die in diesem Gebiet befindlichen Personen beziehungsweise die Staatsangehörigen, für die in diesem Gebiet zu erfüllenden rechtsgeschäftlichen Verpflichtungen (§ 23 ff. Einl. z. L.R., § 111 ff. I 5, § 3—8 St.G.B., § 12 R.G. v. 9./6. 84).

Zeitliche Geltung der Gesetze (§ 14 ff. Einl. z. L.R.).

Sachliche Geltung der Gesetze (Art. 271 ff. H.G.B. u. s. w.).

§ 20. Berechtigung.

Unterschied des Eigenrechts (Privatrechts) und des öffentlichen Rechts. Privilegien (§ 70—72 Einl. z. L.R.). Ungültigkeit im öffentlichen Interesse und im Privatinteresse. Unzulässigkeit der Geltendmachung eines Eigenrechts oder eines Einwandes aus der Person eines Dritten (Ausnahme in § 149 ff. I 11, Art. 26, 29, 49 W.O.). Recht der Partei zur freien Verfügung über das Eigenrecht im Prozesse (§ 267, 279, 54, 84, 577 C.P.O.). Unstatthaftigkeit der Einmischung in fremde Geschäfte außer im Nothfalle (§ 228 ff. I 13, § 61 ff. I 9, Art. 742 ff. H.G.B., § 119 ff. I 13, § 85 u. 54 C.P.O., § 322 St.P.O.).

Amtliche Verfolgung öffentlicher Rechte. Erforderniß des Strafantrages bei den Antragsvergehen (§ 61—65, 194, 232, 172, 179, 182, 236, 237, 303, 247, 123 St.G.B., § 10 G. v. 1./4. 80 — § 197, 99, 101—104 St.G.B.). Ausnahmsweise Zulässigkeit privater Strafverfolgung (§ 414 ff., 435 ff. St.P.O. — § 170 ff. St.P.O.).

Amtliche Hülfe in Rechtsangelegenheiten der Privaten.

a) Amtliche Fürsorge für die Parteien im Civilprozesse (§ 130, 135, 464 C.P.O.). Rechtsanwaltszwang (§ 74, 143 C.P.O., Rechtsanwaltsordnung v. 1. 7. 78). Ausnahmen von dem Grundsatze des Prozeßbetriebs durch die Parteien (§ 182—185, 326 ff., 294, 582 C.P.O.). Amtliche Fürsorge für die Privatpartei im Verwaltungsstreitverfahren (§ 73, 70, 76 G. v. 30./7. 83). Fürsorge für Wahrnehmung der Rechte des Angeklagten im Strafverfahren (§ 158, 338, 220, 243, 137 ff., 385, 406 St.P.O.). Ausschließliches Recht der Rechtsanwälte zur Vertretung im Privatklageverfahren (§ 418, 427 Str.P.O.).

b) Fürsorge für zuverlässige Rathserteilung durch Einrichtung der Rechtsanwaltschaft (Rechtsanwaltsordnung v. 1./7. 78). Untersagung des Gewerbebetriebes unzuverlässiger Winkelkonsulenten (§ 35 G.O.).

c) Recht auf amtliche Ermittlung außerhalb des Prozesses (§ 447 ff. C.P.O., Art. 348, 490 ff. H.G.B.). Bedeutung der Feststellungsklage (§ 231 C.P.O.). Recht auf amtliche Beurkundung (Th. II Allg.Ger.-O., Notariatsordnung v. 11./7. 45, § 74 G. v. 24./4. 78).

d) Recht auf amtliche Regulirung bei Erbauseinandersetzungen (Th. I Tit. 46 Allg. Ger.-O), in Havariesachen (Art. 731 H.G.B., Art. 57 Einf.G. v. 24./6. 61), im Konkursverfahren (§ 64 ff. K.O., § 52 ff. R.G. v. 4./7. 68), im Subhastationsverfahren (§ 47, 54, 101, 113, 124, 131 G. v. 13./7. 83) und im Vertheilungsverfahren (§ 758 ff. C.P.O.).

e) Vormundschaftliche Fürsorge für hülfsbedürftige Personen, für die unter Vormundschaft stehenden Personen (Vorm.O. v. 5./7. 75, § 593 ff. C.P.O., Hinterlegungsordnung v. 14./3. 79, § 140 St.P.O.), für die in väterlicher Gewalt stehenden Minderjährigen (§ 170 ff II 2), für die noch nicht geborenen Fideikommißinteressenten (§ 21 ff. II 4) und für Personen, welche von ihren Ansprüchen nicht unterrichtet sein können (Fundreglement v. 21./4. 82, Strandungsordnung v. 17./5. 74, § 208 ff. I 12, § 460 ff. I 9).

§ 21. Der Rechtsschutz.

a) Vorbeugender Schutz. Polizeiliches Einschreiten zur Verhinderung der Ausführung einer strafbaren Handlung (§ 5 G. v. 11./3. 50, § 23 ff. R.G. v. 7./5. 74 über die Presse, § 9 u. 6 G. v. 12./2. 50). Vorbeugender Schutz zur Abwendung einer thatsächlich begründeten Gefahr der Rechtsverletzung, insbesondere zur Verhütung strafbarer Handlungen; Eingriff in das Eigenthumsrecht (§ 796 ff. C.P.O., § 20, 140 ff. 237, 387 I 21, § 50 G. v. 5./5. 72, § 255 II 1, § 179 ff. II 2, § 152 ff. I 7, § 621 C.P.O., § 626 I 12, § 101 ff. C.P.O., § 6 ff. G. v. 24./6. 65, § 325 u. 326 St.P.O. — § 40, 41, 152, 369 Nr. 2, 295, 367 letzter Absatz St.G.B., § 15 G. v. 15./4. 78, § 15 R.G. v. 14./5. 79, § 11 R.G. v. 9./6. 84, § 367 Nr. 9 Pr. St.G.B., § 369 Nr. 1 St.G.B.), Eingriff in die persönliche Freiheit (§ 798 C.P.O., § 112 ff. St.P.O., § 38, 39, 115, 125, 146, 180, 248, 256, 262 St.G.B., § 11 R.G. v. 9./6. 84, § 2 Nr. 2 G. v. 31./12. 42, Zwangserziehungsgesetz v. 13./3. 78 u. 23./6. 84, § 56 St.G.B.), Eingriff in die Versammlungsfreiheit (§ 116 St.G.B., § 9 u. 11 G. v. 11./3. 50), Eingriff in die Gewerbefreiheit und Preßfreiheit (§ 57 Nr. 2 bis 4, 57b, 42b, 43, 56 letzter Absatz, 35 Abs. 2 G.O., § 5 u. 14 R.G. v. 7./5. 74 über die Presse). Ungültigkeit der auf eine strafbare oder unsittliche Handlung gesetzten Belohnung im Interesse der Verhinderung dieser Handlung (§ 205 ff. I 16). Unzulässigkeit der Ueberversicherung (§ 1983 ff. II 8, Art. 790 ff.

H.G.B., G. v. 8./5. 37, K.O. v. 30./5. 41). Ausweisungspflicht über Beendigung des früheren Dienstverhältnisses bei Annahme eines neuen Dienstes, um dem unbefugten Verlassen des Dienstes vorzubeugen (§ 8 der Seemannsordnung v. 27./12. 72, § 9 G. v. 8./11. 10).

b) Herstellender Schutz.

Pflicht zur Herstellung beziehentlich Wiederherstellung des gesetzlichen Zustandes. Insbesondere Recht auf Absonderung bei Verbindungen (§ 298 I 9 — Ausnahmen in § 334 u. 225 I 9), Recht auf Wegnahme der noch vorhandenen Verwendung (§ 210, 238 I 7). Recht auf öffentliche Ehrenerklärung im Interesse der Wiederherstellung der verletzten Ehre (§ 200, 165 St.G.B.).

Pflicht zur Leistung von Schadenersatz, wenn die Herstellung nicht oder nicht vollständig ausführbar ist und die den Schaden verursachende Rechtsverletzung als Schuld zuzurechnen ist. Verantwortlichkeit für Fahrlässigkeit und für den Schaden, den man hätte verhindern können (§ 15 ff. I 6, § 13 I 16, § 277 ff. I 5, Art. 282 H.G.B., § 447 II 8, Art. 395, 607 ff. H.G.B., § 211 I 17, § 555 II 1, § 20 ff., 67 ff. I 16, § 56 ff. I 6, § 139 ff. II 2, § 11 G. v. 15./4. 78, § 5 G. v. 1./4. 80, Haftpflichtgesetz v. 7./6. 71, Art. 451, 736 ff. H.G.B., § 72 I 6). Subsidiäre Schadenserſatzpflicht (§ 67 u. 68 I 6, § 91 II 10). Umfang der Schadenserſatzpflicht (§ 10 ff. I 6, § 285 ff. I 5, Art. 283, 396, 612 H.G.B.). Recht auf vollen Ersatz unter Ueberlassung der beschädigten Sache beziehentlich unter Rücktritt von dem nicht rechtzeitig erfüllten Vertrage (§ 91 I 6, § 302, 309, 281, 331 I 9, § 859 u. 860 I 11, Art. 354, 355, 357 H.G.B.). Ersatz für andere als Vermögensnachtheile (§ 112, 113, 87 I 6, § 188, 231 St.G.B., § 18 R.G. v. 11./6. 70, § 15 R.G. v. 30./11. 74, § 14 R.G. v. 11./1. 76). Beschränkte Ersatzpflicht desjenigen, welcher die Beschädigung veranlaßt hat (§ 156 ff. I 5, Pflicht des Verkäufers zum Ersatz der Unkosten, wenn der Käufer wegen rechtlicher oder natürlicher Mängel der gekauften Sache vom Vertrage zurücktritt, § 87 ff., 655 C.P.O., § 41 ff. I 6, § 219 I 7).

Pflicht zur Vergütung d. i. zur Herausgabe des erlangten Vortheils, wenn die Herstellung nicht ausführbar ist und eine Schuld nicht vorliegt (§ 262 ff. I 13, § 238 I 7, § 300 I 9, § 28—32 I 15).

Verwirklichung des herstellenden Schutzes. Unmittelbarer Zwang und Zwang durch Exekutivstrafen (§ 769 ff. C.P.O., § 132 G. v. 30./7. 83, § 355 C.P.O., § 69 St.P.O., § 78 G. v. 30./7. 83, § 782 C.P.O., § 76 K.O., § 51 Vorm.-O. v. 5./7. 75, § 80 G. v. 24./4. 78). Haftung des Schuldners mit seinem Vermögen. Verwerthung des Vermögens im Zwangsvollstreckungsverfahren (§ 716 ff. C.P.O., V. v. 7./9. 79, § 42, 57, 62 ff. G. v. 13./7. 83) und im Konkursverfahren. Recht der persönlichen Gläubiger auf antheilige Befriedigung im Konkurse (§ 15, 16, 58, 62, 63 K.O.). Bevorrechtigte Konkursgläubiger (§ 54 K.O.). Recht der Realgläubiger auf vorzugsweise Befriedigung aus den ihnen verhafteten Vermögensgegenständen (§ 41 K.O., § 710 C.P.O., § 23 ff. G. v. 13./7. 83, § 157, 164 I 20, § 30 G. v. 5./5. 72, § 206 G. v. 13./7. 83, § 46 I 20). Konkurrenz mehrerer Realgläubiger (§ 17, 34—36 G. v. 5./5. 72, § 24—30, 37 G. v. 13./7. 83). Unzulässigkeit der Zuschlagsertheilung im Subhastationsverfahren, wenn das Gebot zur Deckung der sämmtlichen dem betreibenden Gläubiger vorgehenden Realgläubiger nicht ausreicht (§ 53 ff. G. v. 13./7. 83). Recht des Realgläubigers auf Anfechtung vorgehender Realrechte (§ 5 G. v. 13./7. 83, § 63—67, 42 G. v. 5./5. 72, § 125 G. v. 13./7. 83, § 40 G. v. 5./5 72). Haftung eines Sondervermögens (des Vermögens einer offenen Handelsgesellschaft nach Art. 119—122 H.G.B., des Schiffsvermögens nach Art. 757 ff. H.G.B., des Vermögens einer juristischen Person nach § 91 ff. II 6).

Verwirklichung des herstellenden Schutzes gegen den Gläubiger (§ 213 ff. I 16, Art. 343, 348 H.G.B.).

c) Strafschutz gegen die Vergehungen, welche die Allgemeinheit berühren (§ 360 Nr. 11 St.G.B.). Zurechenbarkeit der strafbaren Handlung (§ 51, 52, 55—59 St.G.B.). Verantwortlichkeit als Anstifter, Gehülfe und für diejenigen strafbaren Handlungen, welche man hätte verhindern können (§ 47—49, 50, 111, 203, 204, 210, 257 ff. St.G.B., § 20 Abs. 2 R.G. v. 7./5. 74 über die Presse, § 11 G. v. 15./4. 78, § 5 G. v. 1./4. 80, § 361 Nr. 4 u. 9, 139 St.G.B., § 13 R.G. v. 9./6. 84, § 60 u. 104 d. Militärstrafgesetzbuchs v. 20./6. 72, R.G. v. 8./7. 68, § 32 R.G. v. 24./6. 87, § 55 R.G. v. 9./7. 87). Erforderniß der Verwirklichung des verbrecherischen Willens, Strafbarkeit des Versuchs (§ 43, 242, 246, 263, 289 u. s. w. St.G.B., § 4 G. v. 15./4. 78, § 8. G. v. 1./4. 80), der Vorbereitungshandlungen (§ 83—86, 151, 292, 370

Nr. 4 St.G.B., § 6, 7 u. 10 R.G. v. 9./6. 84), der Aufforderung zur Begehung einer strafbaren Handlung (§ 49a, 111 Abs. 2, 159, 160 Abs. 2 St.G.B.) des Erbietens zur Begehung eines Verbrechens und der Androhung eines Verbrechens (§ 49a, 241, 126 St.G.B.). Die verschiedenen Strafarten (§ 13 ff. St.G.B., Gefängnißreglement für die gerichtlichen Gefängnisse v. 16./3. 81, § 14 ff. d. Militärstrafgesetzbuchs v. 20./6. 72, Disciplinarstrafen nach G. v. 3./5. 51, 21./7. 52 u. R.G. v. 31./3. 73, Verlust der Staatsangehörigkeit nach § 20 u. 22 R.G. v. 1./6. 70). Strafbemessung mit Rücksicht auf die Schwere des Vergehens, die Stärke des verbrecherischen Willens, die Gefährlichkeit des Vergehens und die Wirksamkeit des Strafübels. Berücksichtigung dieser Momente durch Aufstellung besonderer Strafnormen für besondere Vergehensarten.

§ 22. Die Erfüllungspflicht.

Recht des Schuldners auf Nachweisung der Verbindlichkeit im geordneten Prozeßverfahren. Vertheilung der Beweislast zwischen den Parteien, indem der Beweis des Fortfalls der Verbindlichkeit vom Schuldner zu führen ist. Recht der Parteien, in beschränkter Weise auch der Nebenpartei und des Sonderrechtsnachfolgers, auf Zuziehung im Prozesse d. i. auf Gehör und auf Kenntnißnahme (§ 362, 234, 459, 567; 194, 204, 271, 224 ff. C.P.O. — § 61 ff., 217 ff., 236—238 C.P.O.). Recht auf mündliche Verhandlung über den Klageanspruch, nicht einen bloßen Zwischenstreit (§ 119, 281, 628 ff. C.P.O. — § 97, 99, 776, 68, 126, 352—354, 666, 667, 686, 687, 690, 394, 781 C.P.O.). Vorbereitung der mündlichen Verhandlung durch Schriftenwechsel und durch kommissarisches Verfahren (§ 120 ff., 235, 239—242, 461, 471, 251, 252, 339, 367, 398, 313 ff. C.P.O.). Abgekürztes Prozeßverfahren bei Gefahr im Verzuge (Arrestverfahren nach § 796 ff. C.P.O.) und bei klarem Sachverhältniß (Urkundenprozeß § 555 ff. C.P.O.). Rechtskraft des Urteils als regelmäßige Voraussetzung der Vollstreckbarkeit (§ 644, 645, 647, 648—652, 668, 688—690, 702 C.P.O.). Verbot der Selbsthülfe (§ 77 ff. Einl. z. L.R., § 413 ff. I 14, § 77 ff. G. v. 1./4. 80, § 53 St.G.B., Schutz des Besitzstandes nach § 146 ff. I 7, § 232 Abs. 2 C.P.O., Zulässigkeit der Selbstbefriedigung durch Aufrechnung nach § 300 ff. I 16).

Recht der Partei auf Zuziehung und auf mündliche Verhandlung im Strafverfahren (§ 244, 219, 239, 238, 216, 147,

246, 231, 470 ff., 232, 447 ff., 453 ff., 459 ff., 115, 132, 164 Abs. 1 letzter Satz, 490—494 St.P.O., § 91 ff. d. Militärstrafgerichtsordnung v. 3./4. 45, § 17 ff. G. v. 7./5. 51, § 21 ff. G. v. 21./7. 52, § 83 ff. R.G. v. 31./3. 73). Vorbereitung der mündlichen Verhandlung durch das Ermittelungsverfahren und durch Voruntersuchung (§ 156 ff., 176 ff., 199, 200, 65, 205, 264, 211, 327 ff., 421—423 St.P.O.). Rechtskraft des Urteils als Voraussetzung der Strafvollstreckung (§ 481 St.P.O.). Vorläufige Festnahme durch Private bei handhafter That (§ 127 St.P.O.).

Recht auf vorgängiges Gehör vor Erzwingung einer öffentlichrechtlichen Verbindlichkeit (§ 19, 20, 25 d. Enteignungsgesetzes v. 11./6. 74, § 9, 32 ff. G. v. 6./7. 75 über Waldgenossenschaften, § 11 G. v. 28./1. 48 über Deichwesen, § 79, 80 G. v. 1./4. 79 über Wassergenossenschaften, § 4 G. v. 20./8. 83 über Befugnisse der Strombauverwaltung, § 17, 18 G.O., § 57, 68, 76 G. v. 1./8. 83, § 16 G. v. 25./8. 76 über Ansiedlungen). Recht auf vorgängige Entscheidung im Verwaltungsstreitverfahren beziehentlich im Civilprozeßverfahren (§ 119, 120 G. v. 1./8. 83, § 50 ff. d. Bankgesetzes v. 14./3. 75, § 35 R.G. v. 4./7. 68). Recht auf nachträgliche Entscheidung im Verwaltungsstreitverfahren beziehentlich Civilprozeßverfahren (Ausschluß des Verwaltungsstreitverfahrens nach § 22, 53 d. Enteignungsgesetzes v. 11./6. 74, § 113, 96 G. v. 1./8. 83, § 2 G. v. 12./3. 81 betr. Viehseuchen, § 4 G. v. 23./3. 85 betr. die Reblauskrankheit, Zulässigkeit des Rechtsweges nach G. v. 11./5. 42, G. v. 24./5. 61, § 113—116 R.G. v. 27./6. 71 betr. Pensionirung u. s. w. der Militärpersonen, § 144 R.G. v. 31./3. 73, § 16 V. v. 24./1. 44 über das Defektenverfahren, § 11 Einf.-G. v. 27./1. 77, Ges. v. 13./2. 54 über gerichtliche Verfolgung wegen Amtshandlungen, § 30 u. 53 d. Enteignungsgesetzes v. 11./6. 74). Rechte der Parteien im Verwaltungsstreitverfahren (§ 63 ff., insbesondere § 71, 64 u. 67 G. v. 30./7. 83).

Befreiung von der Nachweisungspflicht durch Eintritt der Verjährung oder Ersitzung (§ 500 ff., insbesondere § 569, 562 I 9, § 190 C.P.O., § 13 K.O., Art. 80 W.O.). Kürzere Verjährungsfristen nach d. G. v. 31./3. 38, § 54 I 6, Deklaration v. 31./3. 38 u. s. w. Verjährung öffentlicher Abgaben nach G. v. 18./6. 40, § 5 Gerichtskostengesetzes v. 18./6. 78. Verjährung der Strafverfolgung nach § 66 ff. St.G.B.

§. 23. Die Rechtsanwendung.

a) Willensauslegung bei Gesetzen und Rechtsgeschäften. Zeitberechnung (§ 45 ff. I 3, Art. 328 ff. H.G.B., Art. 32 W.O., § 200 C.P.O.). Pflicht der Partei zur bestimmten und vollständigen Willenserklärung im Interesse der erleichterten Rechtsanwendung bei Wechseln (Art. 4—7 W.O.) und nach römischem Recht bei Aenderung eines civilen Forderungsrechts oder der Erbfolge (vgl. § 572 I 12). Pflicht der Partei zur Wahrung ihres Rechts durch unzweideutige Erklärung, widrigenfalls ein stillschweigender Verzicht angenommen wird (Verlust des Wahlrechts nach § 90 ff. I 5, Art. 318, 319, 323 H.G.B., § 14 I 13, § 383 ff. I 9, § 41 G. v. 5./5. 72, § 465 I 11, Art. 357 H.G.B.; des Widerspruchsrechts nach § 43 I 22; des Rückforderungsrechts nach § 160 ff. I 16; des Nachforderungsrechts nach § 307 I 5, § 843 I 11, § 330 I 5, Art. 347 H.G.B.; des Anfechtungsrechts nach § 41, 721 II 1, § 571, 576 C.P.O., § 7 II 2, § 308 I 17, § 137 ff. I 17 u. s w., insbesondere des Anfechtungsrechts im Prozesse nach § 267 C.P.O., § 89 G. v. 13./7. 83, § 247, 43 C.P.O., § 25 St.P.O. und des Rechts zur Anfechtung amtlicher Verfügungen nach § 85, 121, 129 G. v. 30./7. 83, § 2 G. v. 24./5. 61, § 304, 477, 540 C.P.O. u. s. w.).

Besondere Willensauslegungsregeln*) **über Beginn und Dauer einer Berechtigung** (über Befristung und Bedingung, Beginn des unter Abwesenden zu Stande gekommenen Vertrages, Dauer des Nießbrauchs, über Kündigungsfristen bei den auf unbestimmte Zeit eingegangenen Rechtsverhältnissen) **über Umfang einer Berechtigung** (über Umfang des Benutzungsrechts des Nießbrauchers, des Vorerben, des Leihers, Miethers, Pächters und des Servitutberechtigten, über Reparaturpflicht des Benutzungsberechtigten, über das Benutzungsrecht an verbrauchbaren und an vertretbaren Sachen — über Umfang des Verfügungsrechts des Bevollmächtigten, des Verwalters, des Erben und des Testamentsvollstreckers — über Umfang des Rechts auf Leistung, über Gegenstand und Beschaffenheit der zu leistenden Sache bei speziell, alternativ oder der Gattung nach bestimmten Sachen, insbesondere bei Geldzahlungen und letztwilligen Zuwendungen, über Leistung von

*) Von Anführung der gesetzlichen Bestimmungen ist hier ausnahmsweise abgesehen, um den Umfang des Grundrisses nicht zu sehr zu erweitern.

Ersatz bei Bürgschaften und Versicherungsverträgen, über Leistung von Handlungen, Herstellung eines bestimmten Werkes, Pflicht des Verwalters beziehentlich Verwahrers zur Rechnungslegung und Anzeige, über Bestimmung der Höhe des Preises, Tragung der Geschäftsunkosten und der Havereikosten, über Ort und Zeit der Leistung) über Veränderlichkeit der Person des Berechtigten und Verpflichteten (Uebertragbarkeit und Vererblichkeit der Vermögensrechte, insbesondere des Rechts aus der Offerte und der Erbschaftsberufung, Erfüllbarkeit der Verpflichtung durch einen Dritten, Vererblichkeit der Verpflichtungen, insbesondere der Pflicht zur Entrichtung vom Vermögensstrafen) über gemeinschaftliche Berechtigung und Verpflichtung (Miteigenthum, Mitberechtigung an Forderungen, Antheilsrecht des Gesellschafters und Miterben, Gesammtberechtigung, bei welcher das Recht des fortfallenden Theilnehmers den übrigen Theilnehmern zuwächst, gemeinschaftliche, antheilige und solidarische Mitverpflichtung).

b) Beweisprüfung. Grundsatz der freien Beweiswürdigung (§ 259 C.P.O., § 260 St.P.O., § 79 u. 120 G. v. 30./7. 83). Vorschrift der Unmittelbarkeit der Beweisaufnahme, indem dieselbe möglichst auf die ursprüngliche Erkenntnißquelle zurückgehen und thunlichst unmittelbar vor dem erkennenden Richter stattfinden soll (§ 400, 598 C.P.O., § 249, 255, 250—253, 87 St.P.O. — § 340, 367, 399, 441 C.P.O., § 222, 224 St.P.O.). Nothwendigkeit der Beeidigung (§ 356, 358 C.P.O., § 56, 57, 60 St.P.O.). Formelle Beweiskraft des Parteieides und der in gehöriger Form errichteten öffentlichen Urkunden (§ 428, 380—384 C.P.O., Th. II Allg. Ger.-O., Notariatsordnung v. 11./7. 45). Ausschließliche Geltung des Urkundenbeweises für den Nachweis der Errichtung wichtiger oder bedenklicher Rechtsgeschäfte (§ 109 ff., 385 ff. I 5, § 15 I 10, § 66 ff. I 12, § 82 ff. II 1, § 52 R.G. v. 6./2. 75, § 1063 ff. I 11 u. s. w.), für den Nachweis von Zustellungen im Prozesse (§ 152 ff. C.P.O. u. s. w.) und für den Nachweis der Beobachtung der Förmlichkeiten der mündlichen Verhandlung (§ 150 C.P.O., § 274 St.P.O.). Zulässigkeit des Wahrscheinlichkeitsbeweises, wenn der volle Beweis nach der Natur der Sache oder durch Schuld des Gegners nicht zu erbringen ist (§ 15 G. v. 24./4. 54, § 40 II 2, § 260, 409 C.P.O.).

Gesetzliche Beweisvermuthungen, insbesondere Bedeutung des

Grundsatzes, daß das thatsächlich Bestehende auch als rechtlich bestehend vermuthet wird (§ 179, 181, 80 ff. I 7, § 34, 35 I 15, § 97—103, 133 ff. I 16, § 842 I 11, § 381 C.P.O.).

Kapitel XI.

Die Staatsgewalt. Pflicht der Treue.

§ 24. Leistungen im Interesse der staatlichen Vermögensmacht.

Indirekte Steuern. Besteuerung der zum menschlichen Genuß im Inlande bestimmten Verzehrungsgegenstände, des Branntweins (R.G. v. 24./6. 87), des zur Bierbereitung oder Essigbereitung verwendeten Malzes (R.G. v. 31./5. 72), des Salzes (R.G. v. 12./10. 67), des Tabaks (R.G. v. 16./7. 79) und des Zuckers (R.G. v. 9./7. 87). Erhebung von Finanzzöllen, inbesondere Verzollung der aus dem Ausland eingeführten Getränke und Gewürze (Zolltarif nach Bek. v. 24./5. 85). Verstempelung der Spielkarten (R.G. v. 3./7. 78) und der Urkunden über Rechtsgeschäfte (G. v. 7./3. 22 u. 26./3. 73, R.G. v. 10./6. 69 u. 4./6. 79 über den Wechselstempel, R.G. v. 1./7. 81 u. 29./5. 85 über den Stempel von Werthpapieren, Schlußnoten und Lotterieloosen, Ausführungsvorschriften v. 15./9. 85). Besondere indirekte Steuern als Kommunalabgaben (§ 27 II 19, § 53 G. v. 30./5. 53, G. v. 25./5. 73). Besteuerung durch Erhebung unverhältnißmäßig hoher Gebühren. Unzulässigkeit der Besteuerung durch minderwerthige Ausprägung von Münzen (R.G. v. 9./7. 73, § 14 d. Bankgesetzes v. 14./3. 75).

Direkte Steuern. Staatliche Einkommen- und Vermögenssteuern. Steuerfreiheiten, Höhe der Steuern und Einschätzungsgrundsätze (G. v. 1./5. 51, 25./5. 73 u. 26./3. 83 über Klassensteuer und klassifizirte Einkommensteuer, G. v. 21./5. 61, 11./2. 70, V. v. 12./12. 64 u. 13./12. 75 über Grundsteuer, G. v. 21./5. 61 über Gebäudesteuer, G. v. 30./5. 20, 19./7. 61, 20./3. 72, 5./6. 74, 3./7. 76 u. 27./2. 80 über Gewerbesteuer, G. v. 12./5. 51, 20./10. 62 u. 17./6. 63 über die Bergwerksabgabe, G. v. 30./5. 53 u. 16./3. 67 über Eisenbahnabgabe, G. v. 30./5. 73 über Erbschafts- und Schenkungssteuer). Direkte Kommunalsteuern (§ 53 G. v. 30./5. 53, § 10 ff. G. v. 13./12. 72, § 105 ff. G. v. 29./6. 75, G. v. 11./7. 22 über Heranziehung der Staatsdiener zu den Gemeindelasten, G. v. 27./7. 85 über Heranziehung der juristischen Personen und Forensen zur Gemeindeeinkommensteuer.

Strafbarkeit der Abgabenhinterziehung nach den vorangeführten Gesetzen.

Vertheilung der öffentlichen Lasten zwischen dem Staate und den Kommunalverbänden (R.G. v. 6./6. 70 u. G. v. 8./3. 71 über Armenlast, § 12 G. v. 13./3. 78 über Kosten der Zwangserziehung, G. v. 28./5. 75 über Kosten des Hebammenwesens, G. v. 12./4. 75 über Kosten des Impfwesens, § 12 ff. G. v. 12./3. 81 über Aufbringung der Entschädigung für die zur Unterdrückung von Viehseuchen getödteten Thiere, § 26 G. v. 6./7. 85 über die Pensionen der Volksschullehrer, G. v. 8./7. 75 über Dotation der Provinzial- und Kreisverbände, G. v. 14./5. 85 betr. Ueberweisung eines Theiles der Einnahmen aus landwirthschaftlichen Zöllen an die Kommunalverbände).

§ 25. Leistungen im Interesse der staatlichen Heeresmacht.

Wehrpflicht, Militärpflicht und Ersatzreservepflicht (R.G. v. 9./11. 67, 2./5. 74 u. 11./2. 88, § 15. R.G. v. 1./6. 70). Pflicht zu unbedingtem Gehorsam (§ 47 I 6). Strafbarkeit der Verletzung der militärischen Dienstpflichten (§ 64—78, 146, 92—100, 103—110, 141, 84—88, 81—83, 151, 102, 140 d. Militärstrafgesetzbuchs v. 20./6. 72, § 112 St.G.B.) Strafbarkeit der Heeresentziehung (§ 140—143 St.G.B.). Anspruch der Eingezogenen auf Unterhalt für sich, beziehentlich ihre Familie und auf Versorgung im Falle der durch den Dienst verursachten Invalidität (R.G. v. 28./2. 88, R.G. v. 27./6. 71 u. 4./4. 74). Naturalleistungen für die bewaffnete Macht während der Friedenszeit und Vergütungen für dieselben (R.G. v. 25./6. 68 über Quartierleistung, Instruktion v. 31./12. 68, R.G. v. 13./2. 75 u. 21./6. 87, Instruktion v. 30./8. 87, Militärtransportordnung v. 11./2. 88). Kriegsleistungen (R.G. v. 13./6. 73, V. v. 1./4. 76, Pferdeaushebungsreglement v. 22./6. 86, Militärtransport-Ordnung v. 26./1. 87).

Beschränkungen des Grundeigenthums in der Umgebung von Festungen (R.G. v. 21./12. 71).

§ 26. Leistungen im Interesse der staatlichen Verwaltung.

Pflicht zur Auskunftertheilung. Zeugnißpflicht und Pflicht zur Erstattung von Gutachten (§ 341 ff., 367 ff. C.P.O., § 48 ff.,

72 ff., St.P.O., § 67 K.O., § 78 u. 120 G. v. 30./7. 83). Entschädigung des Zeugen und Sachverständigen (R.G. v. 30./6. 78). Erklärungspflicht und Eidespflicht der Partei (§ 129, 404, 296, 468, 410 ff., 303 ff., 430, 493 C.P.O.). Pflicht zur Anmeldung im Aufgebotsverfahren (823 ff. C.P.O., § 20—24 G. v. 24./3. 79, § 103—107 u. 135 Nr. 2 Grb.-O. v. 5./5. 72 über das Aufgebot in Grundbuchsachen, § 821 ff. II 18, Th. I Tit. 37 Allg. Ger.-O. und G. v. 24./2. 51 über Aufgebot eines Verschollenen, G. v. 28./3. 79 über Aufgebot der Nachlaßgläubiger, § 126, 140 K.O., § 40 Nr. 8, 133 ff. G. v. 13./7. 83).

Pflicht zur Gestattung der Augenscheinseinnahme (§ 94 ff., 102 ff. St.P.O., § 387, 388, 394 C.P.O.). Polizeiliche Revisionen (G. v. 3./5. 72 über Dampfkesselrevisionen, § 2 u. 3 R.G. v. 14./5. 79, § 38 u. 39 Nr. 3 Str.G.B., § 4 G. v. 11./3. 50). Landesvermessung (G. v. 7./10. 65 u. 7./4. 69).

Pflicht zur Anzeige beziehentlich Kenntlichmachung im allgemeinen polizeilichen und im statistischen Interesse (R.G. v. 6./2. 75 über Personenstandsveränderungen, A. Erl. v. 12./7. 67 über Namensänderungen, § 8 u. 9 G. v. 31./12. 42 über Anmeldung neu anziehender Personen, § 439 II 8 über Anmeldung der Fremden, R.G. v. 12./10. 67 über das Preßwesen, R.G. v. 25./3. 80 u. V. v. 28./7. 80 über Schiffsmeldungen, R.G. v. 25./10. 67, 28./6. 73 u. Vorschriften v. 13./11. 73 über Registrirung und Bezeichnung der Kauffahrteischiffe, § 14 G.O., R.G. v 20./7. 79 über Anmeldung der ein- oder ausgeführten Waaren), im Interesse der leichteren Entdeckung und Verhinderung strafbarer Handlungen (Erforderniß des Jagdscheins, Jagderlaubnißscheins, Fischereierlaubnißscheins, Legitimationsscheins, Wandergewerbescheins und der Legitimationskarte nach § 14, 17 G. v. 7./3. 50, § 11 G. v. 30./5. 74, § 40 G. v. 1./4. 80, § 59, 60c, 44a G.O., Kennzeichnung der ausliegenden Fischerzeuge nach § 19 G. v. 30./5. 74, Anmeldung politischer Versammlungen und Vereine nach G. v. 11./3. 50, Kennzeichnung der Druckschriften und Mittheilung eines Pflichtexemplars nach R.G. v. 7./5. 74), sowie im Interesse der Erfüllung der Steuer- und Heerespflicht (§ 19 G. v. 30./5. 20, § 6 ff. R.G. v. 12./10. 67 u. s. w. — § 31 R.G. v. 2./5. 74, Kontrolordnung v. 28./9. 75).

Strafbarkeit unrichtiger Angaben vor der Behörde (§ 153 ff.,

271 u. 272 Str.G.B., § 148 Nr. 6 G.O., Art. 249a H.G.B. nach R.G. v. 18./7. 84).

Pflicht zur Uebernahme unbesoldeter Ehrenämter (§ 20, 23, 63, 34, 83, 26 u. 91 Vorm.-O. v. 5./7. 75, § 35, 85 Gvfg. § 74 G. v. 30./5. 53, § 8 G. v. 13./12. 72, § 21 u. 24 G. v. 1./5. 50 u. 28./5. 73 über die Klassensteuer und klassifizirte Einkommensteuer).

Pflicht der Hülfe im Nothfalle (§ 360 Nr. 10, 54 Str.G.B., § 9 G. v. 12./2. 50).

Enteignungsrecht des Staates (G. v. 11./6. 74, § 51 G.O., § 7 I 11).

§ 27. Allgemeine Pflichten der Unterthanen.

Strafbarkeit der Unterstützung der äußeren Feinde des Staates (§ 87—91, 92 Nr. 1 u. 3 Str.G.B., § 56 ff. des Militärstrafgesetzbuchs v. 20./6. 72, § 9 u. 5 G. v. 4./6. 51 über den Belagerungszustand), der Auflehnung gegen die Staatsgewalt (§ 80, 81, 113—115, 122, 105—107, 132 Str.G.B.), der Theilnahme an einer staatsgefährlichen Verbindung und der Aufwiegelung (§ 129, 128, 127 Str.G.B., § 7, 8, 16, 18 G. v. 11./3. 50 über politische Vereine, § 110, 130, 130a Str.G.B., R.G. v. 21./10. 78 gegen die gemeingefährlichen Bestrebungen der Sozialdemokratie).

Pflege der vaterländischen Gesinnung. Belohnung besonderer Verdienste durch Gewährung von Auszeichnungen. Förderung der deutschen Sprache (G. v. 28. 8. 76 über die Geschäftssprache der Behörden, § 186 Gvfg.) und der deutschen Kolonisation (G. v. 26./4. 86). Pflicht der Schule und Kirche zur Erziehung zur Vaterlandsliebe (§ 24 G. v. 12./5. 73, nationale Bildung der Geistlichen nach G. v. 11./5. 73 u. Art. 1—4 G. v. 21./5. 86, Einspruchsrecht des Staates nach Art. 2 § 2 G. v. 29./4. 87, Ausschluß der dem Staate nicht genehmen Personen von der Bischofswahl nach dem Breve v. 16./7. 21, Beeidigung der Bischöfe nach V. v. 13./2. 87, Bestätigung der jüdischen Kultusbeamten nach § 52, 43 G. v. 23./7. 47).

§ 28. Besondere Pflichten der Beamten.

Pflicht zur gewissenhaften und prompten Erledigung der Amtsgeschäfte (Strafbarkeit der Ungerechtigkeit im Amt nach § 336, 343—346, 331—334, 109 Str.G.B., Verbot von Nebenbeschäftigungen nach § 16 R.G. v. 31./3. 73, K.O. v. 13./7. 39, G. v. 10./6. 74, § 22 Vorm.O. v. 5./7. 75, Pflicht des Verweilens am Amtssitz). Pflicht zur Unterstützung anderer Behörden durch Erledigung von Requisitionen und Mittheilung von Nachrichten (§ 16 Vorm.O. v. 5./7. 75, Allg. Vfg. v. 25./8. 79 über die der Staatsanwaltschaft obliegenden Mittheilungen u. s. w.).

Aufsichtsrecht der vorgesetzten Behörde. Pflicht der Beamten, sich über ihre gesammte Geschäftsverwaltung auszuweisen (Pflicht zur Beurkundung amtlicher Verhandlungen nach § 145—147, 270, 470 C.P.O., § 272, 273 St.P.O. u. s. w., zur Führung geordneter Akten und der vorgeschriebenen Verzeichnisse). Kautionspflichtigkeit der Beamten (G. v. 25./3. 73, § 58 u. 59 Vorm.O. v. 5./7. 75, R.G. v. 2./6. 69). Allgemeine Pflichten der Subaltern- und Unterbeamten.

Disciplinarbestrafung der Beamten wegen Vernachlässigung der Amtspflicht oder Verletzung der Standesehre (G. v. 7./5. 51, 21./7. 52, 9./4. 79, § 72 ff. R.G. v. 31./3. 73).

Anspruch der Beamten auf Vergütung ihrer Dienste, auf Besoldung, auf Wohnungsgeldzuschuß (G. v. 12./5. 73), auf Ersatz der Unkosten (G. v. 24./3. 73, 28./6. 75 u. V. v. 15./4. 76 über Tagegelder und Reisekosten, G. v. 24./2. 77 über Umzugskosten), auf Ruhegehalt beziehentlich Civilversorgung (G. v. 27./3. 72 u. 31./3. 82, G. v. 6./7. 85 betr. die Volksschullehrer, G. v. 18./6. 87 betr. die Fürsorge bei Betriebsunfällen, § 34 ff. R.G. v. 31./3. 73 u. 21./4. 86, R.G. v. 27./6. 71, 4./4. 74 u. 21./4. 86 über Versorgung der Beamten des Soldatenstandes, A. Erl. v. 10./9. 82 über die Civilanstellung der Militäranwärter) auf Wartegeld (A. Erl. v. 14./6. 48 u. 24./10. 48, § 24 ff. R.G. v. 31./3. 73) sowie auf Wittwen- und Waisengeld für die Hinterbliebenen (G. v. 20./5. 82, R.G. v. 20./4. 81, R.G. v. 17./6. 87 betr. die Beamten des Soldatenstandes, G. v. 22./12. 69 betr. die Elementarlehrer). Anspruch der Beamten auf Ehrenrang (V. v. 7./2. 17, A. Erl. v. 11./8. 79 u. s. w.).

Vermögensrechte und Ehrenstellung des Staatsoberhaupts (Art. III V. v. 17./1. 20, G. v. 30./4. 59 u. 27./1. 68 über Erhöhung der Krondotation). Ehrenrechte des hohen Adels (G. v. 10./6. 54 u. V. v. 12./11. 55, G. v. 15./3. 69, G. v. 27./6. 75 über den standesherrlichen Rechtszustand des Herzogs von Arenberg).

Kapitel XII.

Die Staatsverwaltung.

§ 29. Die Theilnahme an der Staatsgewalt.

Recht des Königs als Inhaber der Staatsgewalt in Preußen, Recht des Kaisers und Bundesraths (Art. 6 R.Vf.).

Erwerb und Verlust der Krone (Art. 53 u. 54 P. Vf.). Regentschaft (Art. 56—58 P. Vf.). Unverantwortlichkeit des Königs (Art. 43 u. 44 P. Vf.).

Mitwirkung der Beamten. Verschiedene Stellung der Verwaltungsbeamten, der politischen Beamten, der Selbstverwaltungsbeamten und der richterlichen Beamten in Bezug auf Selbständigkeit der Amtsverwaltung (§ 87 G. v. 21./7. 52, § 23—25 R.G. v. 31./3. 73, § 76 ff. d. Städteordnung v. 30./5. 53, Art. 86 P.Vf., § 1 Gvfg.). Rechte des Vorsitzenden und der Mitglieder eines Kollegiums.

Befähigung zur Bekleidung eines Staatsamtes (§ 31, 33, 34 Nr. 3, 35 St.G.B.; § 2—5 Gvfg., G. v. 6./5. 69 u. Regulativ v. 1./5. 83 über Befähigung für den höheren Justizdienst; G. v. 11./3. 79, Regulativ v. 30./11. 83 u. 16./6. 87 über Befähigung für den höheren Verwaltungsdienst; Regl. v. 25./3. 39 u. 24./8. 86 über Vorbildung zum Intendanturdienst; Bestimmungen v. 1./8. 83 für die Kandidaten des Forstfaches, v. 21./12. 72 für die Kandidaten des Bergfaches, v. 6./7. 86 für die Kandidaten des Baufaches, § 31 ff. A. Erl. v. 24./11. 79 über Anstellung im Eisenbahndienst, Reglement v. 10./5. 75 über die Prüfung als Kreisphysikus, G. v. 3./3. 79 und Allg. Vfg. v. 10./2. 86 über die Vorbereitung zum Gerichtsschreiberdienst u. s. w. — § 56 ff. G. v. 7./5. 51, § 88 ff. G. v. 21./7. 52, § 61 ff. R.G. v. 31./3. 73 über unfreiwillige Versetzung in den Ruhestand).

Mitwirkung der Bürger in öffentlichen Angelegenheiten.

Erwerb und Verlust des Staatsbürgerrechts (R.G. v. 1./6. 70). Wahlen zum Reichstage (Art. 20 ff. R.Vf., R.G. v. 31./5. 69, Wahlreglement v. 28./5. 70 u. 27./2. 71, Bek. v. 1./12. 73 u. R.G. v. 25./12. 76 über Aenderung der Wahlbezirke, R.G. v. 19./3. 88 über Einführung 5jähriger Legislaturperioden) und zum preußischen Abgeordnetenhause (Art. 69 ff. P.Vf., V. v. 30./5. 49, Wahlreglement v. 4./9. 82, G. v. 27./6. 60, G. v. 6./5. 84 Anlage B u. G. v. 7./6. 85 Anlage B über die Wahlbezirke).

Zusammensetzung des Herrenhauses (G. v. 7./5. 53, V. v. 12./10. 54 u. 10./11. 65). Voraussetzungen und Ausübung des Gemeindebürgerrechts (Städteordnung für die 6 östlichen Provinzen v. 30./5. 53, G. v. 14./4. 56 betr. die Landgemeindeverfassungen in den 6 östlichen Provinzen). Wahlen zum Kreistage (Kreisordnung v. 13./12. 72 für die östlichen Provinzen, v. 6./5. 84 für Hannover, v. 7./6. 85 für Hessen-Nassau, v. 31./7. 86 für Westfalen, v. 30./5. 87 für die Rheinprovinz) und zum Provinziallandtage (G. v. 29./6. 75, 7./5. 84, 8./6. 85, 1./8. 86 u. 1./6. 87). Berufung der Vertretungen und Leitung der Versammlung, Rechte der Mitglieder der Vertretungen (Art. 12, 13, 25, 9, 30 R.Vf., Art. 51, 60, 84 P.Vf., Art. 76 P.Vf. nach G. v. 18./5. 57 u. s. w.).

Wirthschaftliche Interessenvertretungen in den landwirthschaftlichen Centralvereinen und dem Landesökonomiekollegium (Regulativ v. 1./5. 78), in den Handelskammern (G. v. 24./2. 70), in den Eisenbahnräthen (G. v. 1./6. 82) und in dem Volkswirthschaftsrath (V. v. 17./11. 80).

Betheiligung der Bürger an der Verwaltung durch Einrichtung des Provinzialraths, Bezirksausschusses, Provinzialausschusses, Kreisausschusses, Magistrats, Gemeindevorstandes u. s. w. (§ 10—12, 28 G. v. 30./7. 83, § 6 ff. Provinzialordnung v. 29./6. 75, § 7, 23, 131, 167 Kreisordnung v. 13./12. 72, § 5, 29 ff. Städteordnung v. 30./5. 53), durch Einrichtung des Schöffengerichts, Schwurgerichts, der Kammern für Handelssachen und des Familienraths (§ 31—34, 84, 85, 111 ff. Gvfg., § 71 ff. Vorm.O. v. 5./7. 75) durch Einrichtung der Steuereinschätzungskommissionen, der verstärkten Ersatz- und Oberersatzkommission (§ 21 G. v. 1./5. 51, § 10 u. 24 G. v. 25./5. 73, § 28 G. v. 30./5. 20, § 30 R.G. v. 2./5. 74).

Zulassung der Theilnahme des gesammten Volkes durch Anerkennung des Gewohnheitsrechts (§ 3 u. 4 Einl. z. L.R.) und durch Einführung der Oeffentlichkeit für die Verhandlungen der Vertretungen und der Gerichte (Art. 22 R.Vf., Art. 79 P.Vf., § 170 ff. Gvfg., R.G. v. 5./4. 88 u. s. w.).

§ 30. Die Zuständigkeit.

a) Die Rechtsverwaltung d. i. Erlaß und Anwendung von Rechtsvorschriften, durch welche in die Freiheit des Einzelnen eingegriffen wird. Befugniß zur Ausübung der gesetzgebenden Gewalt (Art. 4, 5, 17 R.Vf., Art. 62, 63 Pr.Vf.) zum Erlaß von polizeilichen Verordnungen (Art. 43, 45, R.Vf., § 6, 16, 24, 29, 31, 56b, 120, 139a G.O., § 1 Abs. 7. d. Unfallversicherungsgesetzes v. 6./7. 84, § 5 R.G. v. 14./5. 79 über Lebensmittelverfälschungen, § 145 St.G.B. — § 136 ff. G. v. 30/7. 83, G. v. 11./3. 50 über die Polizeiverwaltung, § 80, 23, 42b, 33, 34, 142, 37, 73—76 G.O., § 65, 98, 107, 122 G. v. 1./8. 83, § 73 d. Feld- und Forstpolizeigesetzes v. 1./4. 80, § 1, 12, 15 G. v. 2./7. 75 über Festsetzung der Fluchtlinien, § 2 d. Krankenversicherungsgesetzes v. 15./6. 83, § 28 R.G. v. 21./10. 78 betr. die Sozialdemokratie, § 197 d. Berggesetzes v. 24./6. 65), zur Auferlegung von Abgaben (Art. 4 Nr. 2 R.Vf., Art. 100, 109 Pr.Vf., § 37 Nr. 4, 119 Nr. 2, 4 u. 5 Provinzialordnung v. 29./6. 75, § 116 Nr. 3, 176 Nr. 2, 5 u. 6 Kreisordnung v. 13./12. 72, § 53 Städteordnung v. 30./5. 53, § 11 G. v. 14./4. 56 betr. die Landgemeindeverfassungen, § 16, 31 G. v. 1./8. 83) und zur Festsetzung der Heeresleistungen (Art. 60, 63 Abs. 4 R.Vf., § 50—54 Ersatzordnung v. 28./9. 75, § 4 R.G. v. 13./6. 73 über die Kriegsleistungen, § 8 R.G. v. 25./6. 68 über die Quartierlast, § 6 R.G. v. 13./2. 75 über die Naturalleistungen während der Friedenszeit).

Zuständigkeit der ordentlichen Polizeibehörden (Orts-, Kreis-, Bezirks-, Provinzial- und der Centralpolizeibehörden, als des Ministers des Innern beziehentlich im Reiche des Bundesraths) zur Handhabung des öffenttichen Rechts, insbesondere der Sicherheitspolizei (§ 62 Städteordnung v. 30./5. 53, § 59 Kreisordnung v. 13./12. 72, § 18 G. v. 30./7. 83, § 1—11 G. v. 12./3. 81 betr. die Viehseuchen, § 1 u. 3 G. v. 27./2. 78 u. 23./3. 85 betr. die Reblauskrankheit, § 6, 10, 12, 15, 22, 24 R.G. v. 21./10. 78 betr. die Sozialdemokratie, § 362 St.G.B.). Zuständigkeit der Verwaltungsgerichte (Kreisausschuß, beziehentlich Stadtausschuß oder Magistrat, Bezirksausschuß und Oberverwaltungsgericht) zu Entscheidungen über Beschränkungen des Grundeigenthums oder der Gewerbefreiheit und zu Entscheidungen im Verwaltungsstreitverfahren (G. v. 1./8. 83, § 128 u. 130 G. v. 30./7. 83). Besondere Zuständigkeitsvorschriften für die Verwaltung der Grundeigenthumspolizei (§ 2 ff. d. Enteignungsgesetzes v. 11./6. 74, § 11 ff. G. v. 28./1. 48 über das Deichwesen, § 56 G. v. 28./2. 43 über Wassergenossenschaften, § 94 u. 103 G. v. 1./8. 83, V. v. 20./6. 17 über die Generalkommissionen, Berggesetz v. 24./6. 65 insbesondere § 187, 198,

199 u. 190), der Gewerbepolizei (Art. 3 Einf.-G. v. 24./6. 61 betr. die Börsen, § 1 G. v. 17./6. 33 über Inhaberpapiere, § 134 G. v. 1./8. 83, § 42 u. 54 G.O. v. 17./1. 45, K.O. v. 29./9. 33 über Wittwenkassen u. s. w., Regl. v. 12./12. 38 über Sparkassen, § 52, 127, 128 G. v. 1./8. 83, Anw. v. 26./11. 83 über die mit der Krankenversicherung befaßten Behörden, R.G. v. 6./7. 84 über die Unfallversicherungsbehörden, Dienstanweisung v. 24./5. 79 für die Gewerberäthe, § 104 G.O., R.G. v. 25./5. 77 über Patentämter, R.G. v. 27./7. 77 über Seeämter), der Verkehrspolizei (§ 37, 33b, 43 G.O., Erl. v. 8./1. 78 über Mitwirkung der Landespolizeibehörde bei Beaufsichtigung der Chausseen, Erl. v. 12./3. 84 betr. Uebertragung der Strompolizei auf die Wasserbauinspektoren, § 13 G. v. 20./8. 83 u. 31./5. 84 über Stromregulirung, R.G. v. 27./6. 73 über das Reichseisenbahnamt), der Unterrichtspolizei (§ 18 Instr. für die Regierungen v. 23./10. 17, G. v. 26./5. 87 über Erhöhung der Volksschullasten) und der Kirchenpolizei (V. v. 27./9. 75 u. 9./9. 76, Art. 13 Pr.Vf.), für die Verwaltung der Steuern (§ 26 ff. G. v. 30./5. 20, § 9, 11 u. 21 G. v. 19./7. 61, § 21 ff. G. v. 1./5. 51, § 9 ff. G. v. 21./5. 61 über die Gebäudesteuer u. s. w.) und der Militärsachen (§ 30 R.G. v. 2./5. 74, § 6 R.G. v. 13./6. 73, § 7 R.G. v. 13./2. 75, § 6 u. 7 R.G. v. 25./6. 68, § 50 G. v. 1./8. 83).

Zuständigkeit der Gerichte beziehentlich besonderer Behörden zur Verwaltung der bürgerlichen Gerichtsbarkeit (§ 12 ff. Gvfg., § 18 u. 39 Ausf.-G. v. 24./4. 78, § 684 C.P.O., § 64 K.O., § 11 Einf. G. v. 27./1. 77, V. v. 24./1. 44 über das Defektenverfahren, § 134 ff. R.G. v. 31./3. 73, V. v. 1./8. 79 über Kompetenzkonflikte, § 75, 82 ff. d. Feld- und Forstpolizeigesetzes v. 1./4. 80, § 6 Ausf.G. v. 7./6. 21 über Streitigkeiten bei Gemeinheitstheilungen, § 120a, 130 G.O., § 106 Seemannsordnung v. 27./12. 72, § 58 Krankenversicherungsgesetz v. 15./6. 83, § 46 ff., Unfallversicherungsgesetz v. 6./7. 84) und der Strafrechtspflege (§ 12 ff. Gvfg., § 211 Abs. 2, 276 ff., 163, 164, 483, 98 ff., 105, 127, 159, 161 St.P.O., Allg. Vfg. v. 14./8. 79 betr. Strafvollstreckung, v. 15./9. 79 u. 9./10. 82 betr. die Hülfsbeamten der Staatsanwaltschaft, G. v. 23./4. 83 über polizeiliche Strafverfügungen, § 101 Seemannsordnung v. 27./12. 72, § 459 ff. St.P.O., Militärstrafgerichtsordnung v. 3./4. 45, § 38 R.G. v. 2./5. 74, Disciplinarbehörden nach G. v. 7./5. 51, 9./4. 79,

21./7. 52, § 35, 68 G. v. 13./12. 72, § 98 G. v. 29./6. 75, § 20 u. 36 G. v. 1./8. 83, § 80 ff. R.G. v. 31./3. 73, Begnadigungsrecht des Königs nach Art. 49 P.Vf.).

Veränderte Zuständigkeit der Rechtsbehörden im Falle der Erklärung des Belagerungszustandes (G. v. 4./6. 51).

Befugniß der Rechtsbehörden zu Beurkundungen (§ 25, 26 Ausf.-G. v. 24./4. 78, § 171 I 5, § 66 ff. I 12 u. s. w., Notariatsordnung v. 11./7. 45, R.G. v. 6./2. 75 über Beurkundung des Personenstandes).

Oertliche Zuständigkeit der Behörden (§ 57 ff. G. v. 30./7. 83, § 12 ff. C.P.O., § 7 ff. St.P.O. u. s. w.).

Zuständigkeit der vorgesetzten Behörde in Folge Einlegung eines Rechtsmittels (§ 127, 121, 82 ff. G. v. 30./7. 83, § 472 ff. C.P.O., § 346 ff. St.P.O. u. s. w.)

b) Die freie Verwaltung. Befugniß zur Verfügung über die Aemter (Organisationsgewalt) und über die Dienstthätigkeit der Beamten (Art. 7, 18 und 50 R.Vf., Art. 45 u. 47 P.Vf., Allg. Verf. d. J.-M. v. 2./3. 85 u. s. w., § 41, 119 Nr. 1, 60, 87, 90 Provinzialordnung v. 29./6. 75, § 116 Nr. 7, 176 Nr. 1, 134 Nr. 3, 26 Kreisordnung v. 13./12. 72, § 35, 56, 33 Städteordnung v. 30./5. 53, § 16, 31, 13 G. v. 1./8. 83), zur Verleihung des Bürgerrechts (§ 155 G. v. 1./8. 83, § 6 Städteordnung v. 30./5. 53), zur Verleihung von Ehrenrechten (Art. 50 P.Vf.), zur Verfügung über das Vermögen (Art. 69 R.Vf., Art. 99 P.Vf., Allg. Vfg. d. J.-M. v. 3./3. 85 u. s. w., Art. IX. V. v. 17./1. 20 betr. die Hauptverwaltung der Staatsschulden, § 3 u. 12 Instr. für die Regierungen v. 23./10. 17 hinsichtlich der Verwaltung der Domänen, Forsten und Bauten, A.Erl. v. 24./11. 79 über Verwaltung der Eisenbahnen, Kais. V. v. 22./12. 75 über Verwaltung des Post- und Telegraphenwesens, R.G. v. 14./3. 75 über die Reichsbank, § 37, 38, 59, 119 Nr. 3 Provinzialordnung v. 29./6. 75, § 127, 134 Nr. 2, 176 Nr. 3 u. 4 Kreisordnung v. 13./12. 72, § 35, 56, 50 Städteordnung v. 30./5. 53, § 16 u. 30 G. v. 1./8. 83, § 18 d. Dotationsgesetzes v. 8./7. 75 betr. Verwaltung der Chausseen, G. v. 8./3. 71 über die Behörden der Armenverwaltung), zur Verwaltung der persönlichen Wohlfahrtspflege (§ 1 ff., 52 Vorm.-O. v. 5./7. 75, § 7 d. Dotationsgesetzes v. 8./7. 75 betr. Verwaltung. der Irrenanstalten u. s. w., § 120 Nr. 2 Provinzialordnung v.

29./6. 75, § 18 Instr. für die Regierungen v. 23./10. 17 betr. das Unterrichtswesen, § 6 ff. Instr. für die jetzigen Provinzialschulkollegien v. 23./10. 17, A. Erl. v. 3./9. 84 betr. Ueberweisung der Fachschulen an den Handelsminister), zur Verfügung über das Heer (Art. 53, 63 u. 66 R.Vf., Schlußbestimmung zum XI. Abschnitt R.Vf., § 4 R.G. v. 2./5. 74) und zur Verfügung über die auswärtigen Angelegenheiten (Art. 11, 56 u. 1 R.Vf., Art. 48, 2 u. 55 P.Vf.).

Druck von Leonhard Simion, Berlin SW.

FSC
www.fsc.org
MIX
Papier | Fördert
gute Waldnutzung
FSC® C083411

Kolibri 360 GmbH
Ferdinand-Jühlke-Straße 7
99095 Erfurt, Deutschland
produktsicherheit@kolibri360.de